*Front cover* - Couverture :
   *Drawing* - Dessin : Mick Bensley.

   *The two town crests painted by the late Peter Tammage, for the Newhaven Museum.*
   *Newhaven first bridge & Dieppe explorers vessel.*
   Les armes des deux villes ont été peintes par le regretté Peter Tammage
   pour le Musée de Newhaven.
   Le premier pont de Newhaven et le bateau des explorateurs dieppois.


*Fly-leafs,* pages de garde, Photos Peter Bailey :
   *Dawn "Stena Parisien". Departs from Newhaven.*
   A l'aube *"Stena Parisien".* Départ de Newhaven.

   *Setting Sun... Newhaven harbour entrance.*
   Soleil couchant... l'entrée du port de Newhaven.


ISBN 2-86743-447-5

© EDITIONS BERTOUT
2 rue Gutenberg - 76810 Luneray - France

Peter **BAILEY** - Claude **FÉRON**

# THE STORY OF THE CROSS-CHANNEL FERRY SERVICE

**1847**  **2001**

# L'HISTOIRE DE LA LIGNE TRANSMANCHE

ÉDITIONS  BERTOUT

## *ABBREVIATIONS* - ABRÉVIATIONS

| P.S. | Paddle Steamer | Vapeur à aubes |
|---|---|---|
| S.S. | Steam Ship (Screw) | Navire à vapeur (à hélice) |
| R.M.S. | Royal Mail Steamer | Paquebot-poste |
| M.V. | Motor Vessel | Navire à moteur |
| ihp | indicated horsepower | Chevaux vapeur indiqués |
| nhp | nominal horsepower | Chevaux vapeur nominaux |
| G.R.T. | Gross Registered Tonnage | Tonnage nominatif brut |
| L.B.S.C.R. | London Brighton and South Coast Railway | Chemins de Fer de Londres, Brighton, et la côte Sud |
| OUEST | Western Railway of France | Chemins de Fer de l'Ouest |
| S.N.C.F. | French Railways | Société Nationale des Chemins de Fer Français |
| S.R. | Southern Railway | Chemins de Fer du Sud |
| B.R. | British Rail | Chemins de Fer britanniques |

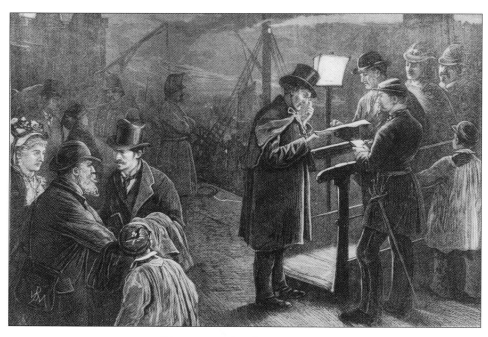

*Dieppe examination passports.*

Dieppe, contrôle des passeports.

# FOREWORD

*I am delighted to write this foreword to a book that will be enjoyed by shipping enthusiasts around the world, and especially those living locally.*

*Peter Bailey's interesting and historical account of the Newhaven-Dieppe cross-channel ferry service contains, among other things, over two hundred pictures. Many of them are rare and published for the first time.*

*As the last British Senior Master of the Sealink car ferry Senlac I know that British sailors had a great pride in the route, and having served on the Newhaven-Dieppe route since 1964, when the S.S.* Falaise *inaugurated the first drive-on/drive-off service, I can say that it was a sad day when the British interest was withdrawn and the red duster lowered for the last time in 1985. (Senlac* left Newhaven at 10.00a.m. on 31 January 1985, returning at 8p.m. the same day, thus bringing to a close this chapter in the history of the Newhaven-Dieppe service).

*However, time and tide wait for no man. The year 1994 should see the opening of the Channel Tunnel, and the challenge will be even greater for ships and their crews to offer high standards of comfort, reliability and safety. Perhaps in a future book Peter will have a photograph of a twin hulled Seacat making the crossing in half of the present scheduled four hours. Is that the future of the Newhaven-Dieppe service ?*

*JOHN E. PAYNE*
*(Captain Rtd.) Seaford 1992*

*Sadly Captain Payne has not lived to see the publicaton of this book. I had so looked forward to presenting him with a copy. His vision of future events has materialised with such poignant accuracy. For this reason his "Foreword" remains appropriate to the story and a tribute to the man.*

*Captain Payne signals to cast off for the last service of* Senlac.

Le Capitaine Payne donne le signe de larguer les amarres
lors du dernier service du Senlac.

# PRÉFACE

J'ai été très sensible à l'honneur qui m'a été demandé d'écrire cette préface pour un livre qui sera fort apprécié, non seulement par les enthousiastes de la marine du monde entier mais, plus particulièrement par ceux qui habitent la région.

L'ouvrage de Peter Bailey contient un rapport intéressant et historique du service des ferry-boats effectuant la traversée de la Manche de Newhaven à Dieppe. Il est illustré par plus de deux cents photographies dont beaucoup sont rares et publiées pour la première fois.

Ayant été le dernier Senior Master anglais du ferry *Senlac*, - ferry pour voiture - je sais combien les marins britanniques sont fiers de leur traversée ; et aussi, ayant servi sur la ligne Newhaven-Dieppe depuis 1964 lorsque le S.S. *Falaise* inaugura le premier service de "drive on-drive off", je peux dire que triste fut le jour où les intérêts britanniques se retirèrent et l'enseigne rouge ("te Red Duster") fut baissée pour la dernière fois en 1985. (Le 31 janvier 1985, le *Senlac* avait quitté Newhaven à 10 heures et était revenu à 20 heures le même jour, concluant ainsi tout un chapitre dans l'Histoire du service Newhaven-Dieppe).

Néanmoins, « le temps et la marée n'attendent personne ». L'an 1994 devrait voir l'ouverture du Tunnel sous la Manche, alors plus grand encore sera le challenge pour les bateaux et leurs équipages dans leur préoccupation a offrir de hauts standings de confort, de qualité et de sûreté. Peut-être dans un prochain autre livre, Peter aura une photographie du Seacat à double coques qui effectuera la traversée en une durée moitié du temps de la présente de quatre heures. Est-ce là où réside l'avenir du service Newhaven-Dieppe ?

John E. PAYNE
(Captain Rtd.)
Seaford 1992


Malheureusement, le Capitaine Payne n'a pas vécu pour voir la publication de cet ouvrage. Je me réjouissais tant de lui offrir ce livre. La façon dont il voyait l'avenir s'est matérialisée avec une justesse poignante. Pour cette raison, sa préface demeure pertinemment à propos et rend hommage à l'homme qui était le Capitaine Payne.

# ACKNOWLEDGEMENTS

*To Ambrose Greenway my very special thanks for permitting the generous use of information and pictures from his beautifully-illustrated book* A Century of Cross-Channel Passenger Ferries.

*I had the pleasure to make the acquaintance of Lord Greenway when he visited the Newhaven Museum several times when researching for his book. He most kindly agreed to be President of the Newhaven Historical Society which operates the museum.*

*On the matter of other people's photographs printed in this publication, I have endeavoured to verify the sources of those used. Apart from my own collection, many have been loaned or given to the Newhaven Historical Society - sometimes several versions of the same view. May I thank all of those who kindly helped in getting together this pictorial record of a very brave and lovable cross-channel ferry route. Where the photographer is known, in the post-war pictures, I have given the name and the plate number. I have endeavoured to avoid any offence, if I have erred, I most sincerely apologise.* P. B.

*Further Acknowledgements :*
*Steve Benz for the original suggestion and assistance.*
*Julian Rea for keeping things rolling.*
*Jean Caillet of Dieppe for constant support.*
*Eveline Duhamel, president, the Chamber of Commerce, Dieppe, for translating.*
*Gérard Bertout and his team for realizing this work.*
*Peter Avis for his support.*
*And lastly, my brother Tom Bailey who worked so hard in a foreign field of interest.*

*Thanks to the FEDER, (European Regional Development Fund). Interreg, which contributed to the realisation of this book.*

## REMERCIEMENTS

Tous mes remerciements les plus sincères à Ambrose Greenway pour sa générosité qui a autorisé de prélever quelques détails et images extraits de son livre *"Un siècle de paquebots à travers la Manche"*.

J'eus le plaisir de faire connaissance avec Lord Greenway lors de ses visites successives au Musée de Newhaven quand il faisait des recherches pour la publication de son livre. Avec toute son aimable courtoisie, il voulut bien accepter la présidence de la Société Historique de Newhaven qui gère le Musée.

Au sujet des photographies publiées dans cet ouvrage, de divers auteurs, j'ai essayé de vérifier leur source de mon mieux. A part les photos appartenant à ma propre collection, beaucoup ont été prêtées, voir même offertes à la Société Historique de Newhaven, quelques-unes étant parfois les mêmes, observées sous des angles différents.

Je me permets donc de remercier tous ceux qui ont bien aimablement aidé à constituer ce dossier en images de la ligne de ferry-boats Trans-Manche, si brave et si aimée. Pour les photos d'après-guerre, là où le photographe est connu, j'ai indiqué son nom avec le numéro de l'illustration. Enfin, si par erreur j'ai commis quelques offenses, je m'en excuse bien sincèrement à l'avance.

Je remercie également :

Steve Benz, pour ses idées originales et son appui.

Julian Rea, pour que tout marche bien !

Jean Caillet de Dieppe, pour son soutien constant.

Eveline Duhamel, présidente de la C.C.I. de Dieppe, pour la traduction.

Gérard Bertout et ses collaborateurs, pour le soin apporté à la réalisation de ce livre.

Peter Avis, pour son appui.

Et enfin, à mon frère Tom Bailey, qui a travaillé si dur sur un sujet qui lui est étranger.

Nous tenons à remercier le FEDER (Fond Européen de Développement Régional) Interreg, grâce auquel la réalisation de cet ouvrage a été possible.

# NEWHAVEN- DIEPPE

## Newhaven - Dieppe : A Portrait of the Cross-Channel Service

*Before the coming of the railway in 1847, information about services operating from Newhaven is limited but extremely interesting.*

*A sailing vessel had been operating a service from Brighthelmstone (now Brighton) to Dieppe for many years. A handbill of 1790 refers to the packet* The Princess Royal *leaving Sussex every Tuesday evening and returning from Dieppe on Saturday evening. It boasted two elegant cabins, each containing eight beds, and the instruction, "Horses and carriages must be sent on the day before sailing..." The reason for the birth of a ferry port at Newhaven is indicated by one other sentence in the notice, "The route to London, by way of Brighthelmstone and Dieppe, is 90 miles nearer than by way of Dover and Calais...".*

*Situated as it was between Shoreham to the west and Newhaven to the east, Brighton was at a disadvantage in having no harbour. This problem was overcome when the Chain Pier was built to the east of the present Palace Pier. Built on the principle of a suspension bridge, this unique structure was intended as a pleasure and commercial venture. At the sea end were a landing and departure area for cross-channel passengers, and two small cranes. Steamships began to ply the Channel. A Brighton newspaper advertised that on Saturday 15 May 1824, at 9.00 am precisely, the powerful steam yacht* Rapid *would leave the Chain Pierhead and would continue to do so three times a week. Soon other vessels, including the* Swift, *joined it.*

*At the same time Newhaven boasted a regular paddler,* The Magician, *and by June 1825 The General Steam Navigation Company (G.S.N.C.) was advertising that its fast sailing, first class steamer* Eclipse *would leave Newhaven for Dieppe, calling at Brighton Pier, on every Tuesday and Saturday, weather permitting. The return journey from Dieppe to Brighton and Newhaven would be on Mondays and Thursdays.*

*According to a traveller who made the trip on 19 August 1835, the steamer* Mountaineer *was plying between Shoreham and Dieppe, and calling in at Brighton. The fare for the chief cabin was £15. 0.s 0.d, a considerable sum in those days. This little vessel later foundered whilst trying to make Shoreham harbour.*

*In 1844 the G.S.N.C. had the* Menai *sailing from Kingston Wharf, Shoreham, to Le Havre on Tuesdays and Fridays, and the* Magnet *to Dieppe on Wednesdays and Saturdays. Later the* Fame *was added to their fleet.*

*As a straight line can be drawn on a map between London, Newhaven, Dieppe and Paris, Newhaven had the advantage of being able to advertise itself as providing "the most direct route between the capitals". It suffered the disadvantage of having a harbour so shallow that it could be forded at low tide less than a mile from its mouth. Much dredging, new wharves and piers made it more suitable for connection with a new form of transport - the railways.*
*This connection was made in 1846 when an Act of Parliament allowed the building of a branch line from Lewes to Newhaven by the London, Brighton and South Coast Railway.*

*This company, previously known as the London to Brighton Railway, had been running a line to Shoreham for six years. For five of these years it had been handling coal, but the construction of the wharf meant that each wagon had to be hauled up individually. Since 1844, and in conjunction with The General Steam Navigation Company, it had also run a timetabled service with through bookings with the French railways. However, the two companies found it difficult to co-operate, so the railway company's board declared an interest in operating services from Newhaven.*

*In September 1845. The Brighton & Continental Steam Packet Company was registered, supposedly as an independent company, but in reality under railway control. Three steamers of 263 gross registered tons were ordered at a cost of £ 46,000. The ships did not arrive in time for the start of the 1847 season as had been planned, but by early July the paddle-steamers* Brighton *and* Dieppe *were running from Shoreham in competition with the G.S.N. Company's* Menai *(263 Gross Registered Tonnage) and* Fame *(294 G.R.T.) to Dieppe and to Le Havre, which in March had become the first French port to be served by rail.*

*The Brighton Company boats had carried about 5,000 passengers by the end of the season, crossing the Channel in five or six hours, far faster than the vessels of the G.S.N.C. In September the last of its three new ships, the* Newhaven, *was delivered, and this made possible a weekly service of six sailings to Le Havre and three to Dieppe.*

*At the end of 1847 the three new ships were moved to Newhaven, where "The London and Paris Hotel" was being built between the Harbour Station and a new wharf. Sadly, the 1848 season was a failure. Not only was there revolution in France, but railway companies were forbidden to run ships, and as The Brighton and Continental Steam Packet Company was only a cover for the real operators, its fleet had to be sold. The* Brighton *was sold to Italy, the* Newhaven *to Scotland and the* Dieppe *to Bermuda.*

*Unless there is a picture of the first steamer in Bermuda somewhere, we will never know what the* Dieppe *and her sister ships looked like. In the meanwhile, we will have to be content to know its tonnage and that it was built of mahogany, was schooner-rigged and had two funnels.*

*These three pioneers had had one big day during their short stay at Newhaven. They were sent to fetch the exiled last king of France, Louis Philippe, from Dieppe. The King, his Queen Amelia and their party were forced to retreat faster and further west, and so travelled from Le Havre to Newhaven in the steamer* Express. *They stepped ashore near the present-day lifeboat slipway and stayed for one night at the Bridge Inn, before leaving by train.*

*The cross-channel service, now back in the hands of the G.S.N.C. alone, switched to Shoreham. The railway links had reduced the travelling time between London and Paris to fourteen hours. Still occasionally using the Newhaven wharf, the G.S.N.C. carried 2,700 passengers in 1849 and 2,100 in 1850.*

*Because the Great Exhibition of 1851 was likely to generate more traffic, the railway company approached the Shoreham shipbroker Henry Pearson Maples to suggest the re-opening of the Newhaven route. As Maples was already running services between Shoreham and Jersey, agreement was reached, and he bought three vessels from Denny Bros of Dumbarton. The* Ayrshire Lassie *began the new service in April 1851, and in May was joined by the* Rothesay Castle *and the* Culloden. *These three paddle-steamers travelled by night, so that the journey between the two capitals took less than a day.*

*Unfortunately, conditions on board the three ships were so terrible that Maples was told to improve them. Instead, he sold them back to the Dumbarton yard, where their paddle-wheels were removed and they were rigged as schooners, before they were sent to Melbourne to participate in the Australian gold rush.*

*It is worth noting that in later years more successful links were forged between the Newhaven - Dieppe route and Denny Bros, as they eventually supplied ten steamers, the final one as late as 1950 when the* Brighton VI *became the last passenger ferry to be registered at Newhaven.*

*While awaiting the delivery of new ships, Maples chartered the* Aquilla, *and probably also used the* Ladybird *which he already owned, a 160-foot-long vessel of 352 gross registered tons and 150 horsepower.*

*Paris I arrived in Newhaven in July 1852 from The Port of Glasgow yard. At 165 feet by 20.2 feet, she weighed 350 tons gross, and had a horsepower of 120. In September of the following year* Rouen I *went straight from her Thames builders, Scott Russell, to Dieppe. She was 180 feet by 20 feet, had engines of 120 horsepower, two masts and two funnels. The weather was rough on her maiden voyage and as a result she struck a pier, losing a paddle box and wheel.*

*These two steamers led adventurous lives, as they were used at times to run the blockade during the Crimean War. Once back in normal service their schedules included trips from Newhaven to St Malo, via Jersey, as well as the Newhaven to Dieppe run. In July 1863 the* Paris *sank in four and a half minutes when, racing another steamer from St Malo to Jersey, and ten minutes ahead, it hit rocks entering St Helier, in spite of having a pilot aboard. The crew and passengers were saved by her own boats, and those of the ship she had raced. On another occasion the* Rouen *entered Treport in mistake for Dieppe.*

*Also in 1853, Mr Maples acquired from Glasgow an iron ship with clipper bow and bowsprit, called the* London.

*She was 194 feet by 21 feet and had a draught of 6 feet 6 inches, engines of 126 h.p. and a 341 gross tonnage. She was soon sold on to Italy. He kept another ship, the* Dundroon Castle, *which was 50 feet shorter but had an extra 25 horsepower.*

*The seven-year agreement of 1851, which allowed Mr Maples to run the cross-channel service on behalf of the Railway Company, was extended for four years because the railway had failed to get permission to run steamers themselves.*

*In 1855 the paddler* Dieppe II, *built in London, joined Maples' fleet. With a horsepower of 150 and a 360 gross tonnage, she measured 181.5 feet by 19.8 feet. During the summer of 1863 she ran with* Paris *and* Rouen *to the Channel Islands and St Malo. Between 1913 and 1933 the same three names plied between Newhaven and Dieppe.*

*The Shoreham agents now became Maples and Morris. In 1856 they brought the* Brighton II *into service. Built by The Palmer Ship and Iron Company of Jarrow, she had a gross tonnage of 185 and an engine of 128 h.p., a turtle back fore-deck and five bulkheads. Two years later she was sold to The Weymouth and Channel Islands Steam Packet Company. She was regarded as a very fast ship, and on her maiden voyage for her new owners ran from Guernsey to Weymouth, a distance of 82 miles, in 5 hours and 20 minutes. In January 1887 she was wrecked approaching Guernsey harbour in fog.*

*Also, in 1887 came the sad loss of the paddle-steamer* Victoria. *This was the only accident which resulted in loss of life.* Victoria *had encountered thick fog on her way to Dieppe. Captain Clark requested the chief engineer to notify him when the paddles had made 8800 revolutions, by which time the vessel should have been nearing the French Port. Having failed to, hear the steam fog horn at Cap d'Ailly, the master cruised the area hoping to pick up this warning but friendly sound. This was not to happen. It has been claimed that the lighthouse keeper was asleep on duty, unaware of the fog, and steam had not been raised to operate the horn.*

*The* Victoria *struck rocks at 4.20am on 13 April (picture 28). She was holed and water rushed into her forward stokehold. The 94 passengers and crew took to the boats but in lowering one of these it was said that a woman's shawl caught in a pulley block, checking the fall of the stern which allowed the bow to run a little further before the lowering was checked. A wave lifted the bow and unhooked the tackle. When the wave had passed, the boat hung vertically, spilling all of the occupants into the sea. Nineteen lives were lost. This total was exceeded only by wartime disasters involving the steamers of this service.*

*Survivors rowed their way towards the shore, some reaching Fécamp. One account claimed that the lighthouse keeper was later joined by his superior (still unaware of the drama) and as they surveyed the fog together, they dismissed the conversations coming faintly from the sea as the voices of long-dead sailors speaking from their watery graves.*

*Some of the passengers had mislaid their money, and, when they attempted to dispatch telegrams home, found themselves with a serious problem. Mrs Bram Stoker, wife of the author of* Dracula *had cash, but her telegram was withheld by mischance and it was two days before her husband learned that she was safe.*

*The bell fron the* Victoria *can be seen in the Local and Maritime Museum of the Newhaven Historical Society. Before the vessel broke up, the bell was brought home and positioned near the Marine workshops where it was used to signal the start and end of the work shifts.*

*Pending the delivery of two fine steamers from the J. Scott Russell yard, the* Lyons *and the* Orleans, *Maples and Morris chartered the* Wave Queen *to base at Newhaven. She had also been built by J. Scott Russell, for a Belgian buyer, but had been returned as unsatisfactory ; 200 feet by 13, she boasted a clipper bow, paddle-wheels 12 feet 4 inches in diameter and a tonnage of 196.*

*A drama with* Paris III *on 25 January 1890 deserves a mention (picture 45). It is claimed that the Chief Engineer, Henry Wool, locked his crew below, giving the order, "When I call, come quickly". He must have been relieved that he did not need to give the order because his son was one of those he had imprisoned. Many years later on a paddle-ferry to the Isle of Wight a churchman was distributing biblical tracts, one of which he gave to the vessel's engineer. The engineer took one look at the heading, "When I call, come quickly", and asked the cleric what had made him choose it. The arm of coincidence must have seemed very long when the cleric related how, many years earlier, he had been a passenger on the* Paris, *adrift in a storm, and how the engineer had locked his crew, including his son, below and had used the quotation as an order. "Yes", said the engineer, "and I was that son". The key to that engine room is in the Newhaven Museum.*

*A diary entry involving either the* Paris III *or* Rouen IV *made by the great-grandmother of a Mrs Woodward of Cheam in Surrey, was donated by her to the museum in the nineteen-*

seventies. It contains an account of an exceptionally rough passage across the Channel towards the end of the last century.

« *We had a most awful passage returning. Never no more travelling by sea for me. Instead of taking us from 3 to 4 hours to cross the Channel, it took us more than 12. Indeed it is miraculous we were saved, it was such a fearful night. We left Paris at half past eight at night, we were travelling until half past two the following afternoon, when we arrived at Brighton.* »

« *The storm at sea was awful and the reason we were in so much danger was because the ship was not fit to weather a storm such as we were in ... She was a new boat and that was her first opportunity of weathering the Channel in such a gale. Oh, the thought of our experience makes me shudder. It did upset my nerves, I feel quite unstrung. What with the severe rocking, cracking, shouting, crying, whistling of the captain, ladies rolling and fainting on every hand, I will never forget the sight. About 1/2 past 12 midnight came the first dreadful crack louder than thunder. It was the wheel that had broken and the bunk holes were too, the water came rushing in and all the men had to rush to pump out the water in order to save life. We all thought we were going down - for twelve hours I was speechless with terror for there was a succession of cracks, and pieces of wood kept splitting off. The men had to wait until daylight before the machinery could be worked again, and all that time every minute we expected our last. The Captain hoisted signals of distress, and lowered the boats for the worst - but even the stewardess, who was a most brave little woman, gave way, and then I felt sure all was up, but some how or other a good Providence intervened and we actually reached shore in safety, but the sight of that ship when we left her I never will forget. The Captain was so terrified and scared looking, and his bridge was all broken together with all the deck and portions of the wheels. Oh, how poor Cousin Lizzie did cry. I was past it, and it affected Alice like me. We were both speechless but our exchanged looks spoke volumes. Well, eventually Alice and I reached Brighton, and there we had to stay for a week to try and get well.* »

At this point in the story, photographs of the vessels become available, and relevant information can be given in the pictures' captions.

Ship-to-shore radio began to be used in 1904 and when the Paris IV *was brought into service in 1913 with the radio already installed, the other ships had to be similarly equipped. Radio direction-finding apparatus was tested on the* Brighton IV *during 1927 and 1928 and proved so successful in fog that it was fitted to all the passenger steamers except the* Brighton, *the* Arundel *and the* Dieppe.

By 1925 Newhaven harbour's own electricity supply, which was also connected to the foghorn, had replaced the previous oil lights. The harbour power plant was sold in 1927 when electricity began to be obtained from The Newhaven and Seaford Company. This resulted in the use of more powerful capstans and cranes, but nevertheless it was quite usual to see horses shunting single trucks until the last war.

During the Phoney War a minimal service was maintained, but when hostilities really began the service was entirely discontinued. Rouen *made her last trip home, camouflaged, in May 1940 and the* Versailles *escaped, carrying passengers, cargo and mail, to Newhaven, where she reported to the French Admiralty for orders. The* Rouen IV *fell into German hands and in 1941 became the auxiliary cruiser* Natter, *then in 1942 the experimental ship* Wullenwever. *On the 25 April 1943 she was damaged by a mine in the Baltic. Picture 105 shows the vessel in the Kiel Canal.* Rouen's *sister ship* Newhaven, *led a colourful life, becoming the patrol vessel* Skorpion, *then the depot ship* Skaggerack *and finally the accommodation ship* Barbara.

*The English-run vessels became hospital carriers in time for the evacuation of Dunkirk. The* Worthing, *number 30, held 248 cots ; number 31, the* Brighton V *carried 250 cots and the* Paris *became number 32 with 180 cots.*

*In October 1941, Newhaven was intended to be the scene of an exchange of seriously-wounded prisoners. Although everything was prepared, and the quay even missed one night's blackout, the whole plan was cancelled, because, it is said, Hitler insisted on the release of his deputy Rudolf Hess as part of the deal.*

*The Duke of Windsor, as Prince of Wales and Edward VIII maintained a tenuous but persistent connection with Newhaven vessels. Picture 75 shows reference to his greeting his father at Dieppe from the* Brighton IV. *In the mid-nineteen-thirties the ex-SS* Dieppe, *as the luxurious yacht* Rosaura, *was used by the Prince and Mrs Wallis Simpson for a prolonged voyage in the Mediterranean, and her name appeared in the TV series "Edward and Mrs Simpson". Picture 135 shows the* Brighton V *decorated overall for his one birthday as uncrowned king. Finally, picture 96 shows the* Newhaven *in the night berth, from where she transported Mrs Simpson to Dieppe, shortly before the abdication in 1936.*

*The Newhaven operation had been born, and attained its peak of prosperity under private ownership. Between the wars it just held on, greatly helped by the continental letter-mail contract. After the Second World War it was supported by nationalisation, but even so, by the early nineteen-sixties, the winter service had been suspended.*

*The introduction of the first car ferry, the* Falaise, *in 1964 brought hopes of a revival, but, with de-nationalisation and the sale of the English side of the joint service, this did not materialise.*

# DIEPPE - NEWHAVEN

Les informations sur les services de Newhaven qui existaient avant la venue du chemin de fer en 1847, sont incomplètes mais très intéressantes.

Un navire à voiles a assuré le service de Brighthelmstone à Dieppe pour de nombreuses années. Un prospectus de 1790 mentionne le Packet *The Princess Royal* quittant le Sussex chaque mardi soir et revenant de Dieppe le samedi soir. Il se vantait d'avoir deux élégantes cabines, chacune avec huit lits, et une notice disant « Chevaux et voitures doivent être envoyés la veille du départ ». La raison pour la création d'un port de passagers à Newhaven est indiquée par une autre phrase dans le prospectus « La route à Londres en passant par Brighthelmstone à Dieppe est 90 miles plus courte que celle de Douvres à Calais ». On suppose qu'il s'agit de la distance entre les capitales.

La ville de Brighton, située entre Shoreham à l'Ouest et Newhaven à l'Est, était dans une position désavantageuse par rapport à ces dernières, car elle n'avait pas de port. Cet handicap fut surmonté par la construction de la jetée "Chain Pier", à l'Est de l'emplacement de la jetée actuelle "Palace Pier". Construit suivant le principe d'un pont suspendu, cet édifice unique en son genre fut destiné aux commerçants ainsi qu'aux flâneurs : à son extrémité, équipée de deux petites grues, se trouvait une aire d'embarquement et de débarquement pour les voyageurs trans-Manche.

Les vapeurs commencèrent à naviguer sur la Manche.

Un journal de Brighton annonce que le samedi 15 mai 1824, à 9 heures sonnantes, le *Rapid*, puissant yacht à vapeur, appareillerait de la jetée "Chain Pier" et ce, trois fois par semaine. Peu de temps après, d'autres navires s'ajoutèrent, dont le *Swift*.

A la même époque, Newhaven était fier de posséder un service régulier assuré par un navire à aubes, le *Magician* et, en 1825, la compagnie générale de navigation à vapeur, la "General Stearn Navigation Company" (GSNC), faisait de la publicité pour son vapeur rapide de première classe, l'*Eclipse,* qui appareillerait de Newhaven en direction de Dieppe, en passant par la jetée de Brighton, tous les mardis et samedis, « si le temps le permettait ». Le trajet de retour de Dieppe à Brighton et Newhaven, aurait lieu les lundis et jeudis.

Selon le témoignage d'un voyageur qui fit la traversée le 19 août 1835, le vapeur *Mountaineer* naviguait entre Shoreham et Dieppe, en passant par Brighton. Le prix d'un billet pour la cabine principale était de quinze livres, somme considérable à l'époque. Plus tard, ce petit navire sombra en tentant d'entrer dans le port de Shoreham.

En 1844, la compagnie GSNC dirigeait une ligne au quai de Kingston, à Shoreham, comprenant le *Menai* qui appareillait en direction du Havre, les mardis et vendredis, et le *Magnet,* en direction de Dieppe, les mercredis et samedis. Plus tard, la compagnie rajouta le *Fame* à sa flotte.

Etant donné que l'on peut tracer une ligne droite entre Londres, Newhaven, Dieppe et Paris, le port de Newhaven jouissait de l'avantage de pouvoir affirmer qu'il assurait « la route la plus directe entre les capitales ». Inconvénient majeur, le manque de profondeur de son bassin qui le rendait guéable à marée basse, à une distance de seulement 1,5 kilomètre, de son entrée. Il fallut d'importants travaux pour draguer le port et construire des quais et des jetées avant qu'il soit susceptible d'être relié à une nouvelle méthode de transport : le chemin de fer.

Ce lien fut établi en 1846, lors du vote d'une loi autorisant la construction par la société de chemins de fer "London, Brighton and South Coast Railway", d'une ligne secondaire entre Lewes et Newhaven. La société, jadis connue sous le nom de "London to Brighton Railway", organisait un service jusqu'à Shoreham, depuis six ans. Depuis cinq ans, ce service transportait le charbon, mais la configuration des quais rendait nécessaire le levage individuel de chaque wagon. Depuis 1844, conjointement avec la compagnie "General Steam Navigation Company", elle assurait aussi un service régulier avec réservations directes pour les chemins de fer français. Toutefois, il était difficile aux deux sociétés de coopérer, et par conséquent, les directeurs de la société des chemins de fer déclarèrent s'intéresser à la possibilité d'organiser un service, au départ de Newhaven.

En septembre 1845, la compagnie "Brighton & Continental Steam Packet Company", (Compagnie des Paquebots à Vapeur de Brighton et de l'Europe), fut inscrite, soi-disant comme société indépendante, mais en réalité sous le contrôle des chemins de fer. Trois vapeurs, chacun jaugeant 263 tonneaux brut, furent commandés à un prix de 46.000 livres. Les navires ne furent pas livrés comme prévu pour le début de la saison 1847, mais seulement dès le début de juillet. Les vapeurs à aubes, *Brighton* et *Dieppe*, assurèrent un service de Shoreham à Dieppe et au Havre, faisant concurrence avec le *Menai* (263 tonneaux, brut) et le *Fame* (294 tonneaux, brut) de la compagnie GSNC ; en mars, Le Havre était devenu le premier des ports français à être desservi par le chemin de fer.

A la fin de la saison, les bateaux de la compagnie de Brighton avaient transporté environ 5.000 passagers ; ils traversaient la Manche en cinq ou six heures, vitesse beaucoup plus rapide que celle des navires de la GSNC. Le dernier de ses trois nouveaux navires, le *Newhaven,* fut livré en septembre, et rendit possible un service hebdomadaire de six traversées au Havre et trois à Dieppe.

A la fin de 1847, les trois nouveaux navires furent transférés à Newhaven, où le "London and Paris Hotel" était en construction entre la gare maritime et le nouveau quai. Malheureusement la saison 1848 fut un fiasco. Il y avait non seulement la Révolution, en France, mais aussi un arrêté qui interdisait aux sociétés de chemins de fer d'exploiter des services de navires. Comme la compagnie "Brighton and Continental Steam Packet Company" ne servait qu'à dissimuler l'identité des vrais propriétaires, elle fut obligée de vendre sa flotte. Le *Brighton* fut donc vendu en Italie, le *Newhaven* en Ecosse et le *Dieppe* aux Bermudes.

A moins qu'il n'existe quelque part aux Bermudes, une image du premier vapeur, nous n'aurons jamais l'idée de l'aspect du *Dieppe* et de ses sister-ships. Dans l'expectative, nous devons nous contenter de connaître son tonnage et de savoir qu'il était en acajou, gréé en schooner, et avait deux cheminées.

Les trois navires pionniers n'avaient connu qu'un seul grand jour pendant leur court séjour à Newhaven. Ils furent envoyés pour ramener de Dieppe, le dernier roi de France exilé, Louis-Philippe. Le roi, la reine Marie-Amélie et leur entourage furent contraints de fuir de plus en plus loin vers l'Ouest, et ce fut le vapeur *Express* qui les ramena à Newhaven venant du Havre. Ils débarquèrent près de l'actuelle cale de lancement du bateau de sauvetage, et passèrent une nuit au Bridge Inn, avant de partir par le train.

Le service trans-Manche, alors sous le seul contrôle de la compagnie GSNC, fut transféré à Shoreham. Les liaisons ferroviaires avaient réduit à quatorze heures, le temps de voyage entre Londres et Paris. La GSNC, qui se servait de temps à autre, du quai de Newhaven, transporta 2.700 passagers en 1849, et 2.100 en 1850.

Parce que la Great Exhibition de 1851 engendrerait probablement une augmentation du trafic, la société de chemins de fer s'adressa à Henry Pearson Maples, agent maritime de Shoreham, pour suggérer la réouverture de la route de Newhaven. Maples, qui assurait déjà un service entre Shoreham et Jersey, parvint à une entente avec la société, et acheta trois navires à Denny Bros de Dumbarton. Le nouveau service démarra avec l'*Ayrshire Lassie,* en avril 1851, et en mai, le *Rothesay Castle,* et le *Culloden* furent rajoutés. Ces trois vapeurs à aubes naviguaient de nuit ; rendant possible un voyage de moins d'une journée entre les deux capitales.

Malheureusement les conditions à bord des trois navires étaient tellement effroyables que Maples reçut l'ordre de les améliorer. Au lieu de cela, il les revendit au chantier de Dumbarton, qui supprima leurs roues à aubes et les envoya, gréés en chooner, à Melbourne, lors de la ruée vers l'or de l'Australie.

On peut noter que seraient ultérieurement établis entre la ligne Newhaven-Dieppe et Denny Bros des liens plus prospères, car ce constructeur fournirait dix vapeurs dans les années à venir, le tout dernier en 1950 ; ce fut le *Brighton VI,* le dernier ferry à voyageurs à être immatriculé à Newhaven.

En attendant la livraison de nouveaux navires, Maples affréta l'*Aquilla,* et arma probablement aussi, un navire qui lui appartenait déjà, le *Ladybird,* qui mesurait 48,75 m. de long, qui jaugeait 352 tonneaux brut et était équipé de machines de 150 chevaux vapeur.

Le *Paris I* fut livré à Newhaven en juillet 1852, du chantier de "Port of Glasgow". Il mesurait 50,25 m de long, 6,15 m de large, jaugeait 350 tonneaux brut et atteignait 120 chevaux vapeur. En septembre de l'année suivante, le *Rouen I* appareilla du chantier de son constructeur, Scon Russell, aux bords de la Tamise, et se rendit directement à Dieppe. Il mesurait 54,85 m de long et 6,09 m de large, ses machines étaient de 120 chevaux vapeur, et il était équipé de deux mâts et de deux cheminées. La mer fut houleuse lors de sa traversée inaugurale ; il heurta une jetée et perdit une roue à aubes et son tambour.

Ces deux vapeurs eurent une carrière mouvementée ; quelquefois ils aidèrent à briser le blocus durant la guerre de Crimée. Après avoir repris leur service normal, ils assurèrent, en passant par Jersey, des voyages entre Newhaven et Saint-Malo, ainsi que la traversée Newhaven-Dieppe.

En juillet 1863, le *Paris,* faisant la course avec un autre vapeur entre Saint-Malo et Jersey, et ayant dix minutes d'avance, coula en quatre minutes et demie ; il fut drossé sur les brisants à l'entrée du port de Saint-Hélier, malgré la présence d'un pilote à bord. L'équipage et les passagers furent sauvés par les chaloupes du *Paris,* ainsi que par celles du navire avec lequel il faisait la course. Une autre fois, le *Rouen* se trompa de port, entrant au Tréport au lieu de Dieppe.

En 1853, M. Maples acheta également à Glasgow un navire en fer, appelé le *London,* avec l'étrave d'un clipper et un mât de beaupré. Il mesurait 59,1 m de long et 6,4 m de large, avec un tirant d'eau de 2 m et des machines de 126 chevaux vapeur -, il jaugeait 341 tonneaux brut. Il fut rapidement revendu en Italie. M. Maples conserva un autre navire, le *Dundroon Castle,* plus court de 15 m, mais plus puissant de 25 chevaux vapeur.

L'accord de sept ans, de 1851, qui permettait à M. Maples d'organiser le service trans-Manche pour le compte de la société des chemins de fer, fut prolongé de quatre années, la société n'ayant pas réussi à obtenir le droit d'exploiter un service de vapeurs.

En 1855, le navire à aubes *Dieppe II,* construit à Londres, se joignit à la flotte de Maples. Il atteignait 150 chevaux vapeur, jaugeait 360 tonneaux brut, et mesurait 55,3 m de long et 6 m de large.

Ce furent alors Maples et Morris qui devinrent les agents maritimes de Shoreham.

En 1856, ils armèrent le *Brighton II.* Ce navire, construit par la "Palmer Ship an Iron Company de Jarrow", jaugeait 285 tonneaux brut, et était équipé d'une machine de 128 chevaux vapeur, d'un bouclier à son gaillard d'avant, et de cinq cloisons étanches. Deux ans plus tard, il fut vendu à la compagnie "Weymouth and Channel Islands Steam Packet Company", (Compagnie des Paquebots à Vapeur de Weymouth et des îles anglo normandes). Il fut reconnu comme navire très rapide et fit sa première traversée entre l'île de Guernesey et Weymouth, distantes de 82 miles, en 5 heures et 20 minutes. En janvier 1887, il fit naufrage en approchant du port de Guernesey, par temps de brume.

L'année 1887 vit aussi la déplorable perte du vapeur à aubes *Victoria.* Ce fut le seul accident qui se solda par des morts. Le *Victoria,* en route pour Dieppe, était entré dans une brume épaisse. Le capitaine avait ordonné à son ingénieur-en-chef, de l'avertir lorsque les roues à aubes auraient atteint 8.800 tours, après quoi le navire aurait dû se trouver à proximité du port français. N'entendant pas la cerné de brume à vapeur du Cap d'Ailly, le capitaine croisa dans le secteur dans l'espoir d'entendre ce signal d'alerte rassurant. Cela ne se produisit pas. On prétendit que le gardien de phare dormait pendant son service, qu'il n'avait pas remarqué la brume, et qu'il n'y avait pas de pression pour faire fonctionner la corne.

Le *Victoria* fut drossé sur les brisants à 4 h. 20, le 13 avril (voir photo n° 28). Il se créa une brèche et l'eau déferla dans la chaufferie avant. Les 94 passagers et l'équipage abandonnèrent le navire, mais on raconte que pendant la mise à la mer d'une des embarcations, le châle d'une femme fut coincé dans un moufle de poulie, ce qui stoppa la descente de l'arrière de la chaloupe ; sa proue continua de descendre légèrement plus bas, avant que l'opération n'ait pu être ralentie. Une vague souleva la proue, provoquant le décrochage du treuil. La chaloupe, une fois la vague passée, se tint suspendue à la verticale et tous ses occupants furent projetés à la mer. Il y eut dix-neuf morts, nombre important, pour les vapeurs de cette Ligne, que seuls les désastres de la guerre surpasseraient.

Les survivants nagèrent vers la côte ; quelques-uns parvinrent à Fécamp. D'après un des récits de l'incident, le gardien du phare fut rejoint par son chef et, tous deux encore ignorants du drame, entendirent le son faible venant du large, mais ignorèrent ces voix, se disant que c'étaient celles des marins d'antan, noyés, se parlant à travers les ondes de leur tombeau marin.

Certains passagers avaient perdu leur argent et se trouvèrent confrontés à un sérieux problème lorsqu'ils tentèrent d'envoyer des télégrammes en Angleterre. Mrs Bram Stoker, la femme de l'auteur de *Dracula,* avait de l'argent liquide, mais par malheur son télégramme fut bloqué, et son mari dut attendre deux jours avant d'apprendre qu'elle était saine et sauve.

On peut voir la cloche du *Victoria* au musée local et maritime de l'association historique de Newhaven. Avant que le navire ne se soit disloqué, sa cloche fut récupérée et installée à proximité des ateliers maritimes où elle servit à signaler le début et la fin de chaque poste de travail.

En attendant la livraison de deux beaux vapeurs, le *Lyons* et l'*Orléans,* en provenance de J. Scon Russell, Maples et Morris affrétèrent le *Wave Queen* pour la Ligne de Newhaven. Ce dernier avait été lui aussi construit par J. Scott Russell, pour un armateur belge qui n'en avait pas été satisfait et qui l'avait renvoyé au chantier ; il mesurait 60,9 m de long et 4,1 m de large, jaugeait 196 tonneaux, et avait l'étrave d'un clipper et des roues à aubes de 3,75 m de diamètre.

Le drame du *Paris III,* du 25 janvier 1890 (voir photo n° 45), mérite d'être mentionné. On prétend que Henry Wool, l'ingénieur-en-chef, enferma les membres d'équipage en bas, en leur donnant l'ordre suivant : « A mon appel, hâtez-vous ! ». Il dût se sentir soulagé de n'avoir pas à les appeler car son fils se trouvait parmi ceux qu'il avait emprisonnés dans le compartiment machine. Longtemps après, à bord d'un ferry à aubes, du service de l'île de Wight, un pasteur distribuait des tracts bibliques, en donna un à l'ingénieur du navire. Ce dernier lut le titre « A mon appel, hâtez-vous ! » et demanda à l'ecclésiastique pourquoi il l'avait choisi. Il dût être frappé par la coïncidence lorsque le pasteur lui raconta que, longtemps auparavant, il s'était trouvé parmi les passagers du *Paris* à la dérive, et que l'ingénieur avait enfermé tout l'équipage, y compris son fils, en bas, et qu'il se servait de la citation en tant qu'ordre. « Oui », répond l'ingénieur, et « c'était moi, le fils ». La clef du compartiment machine se trouve maintenant au musée de Newhaven.

Une certaine Mrs Woodward, de Cheam, dans le Surrey, fit don au musée, dans les années 1970, d'un extrait du journal de son arrière grand-mère qui retrace une traversée trans-Manche exceptionnellement mauvaise, vers la fin du XX^ème siècle, à bord du *Paris III* ou du *Rouen IV*.

« Notre voyage de retour a été épouvantable. Je ne veux plus jamais voyager par mer, Au lieu de trois ou quatre heures pour faire la traversée, nous en avons mis plus de douze. En effet, c'est miracle que nous ayons été sauvées, la nuit était tellement effrayante. Nous avons quitté Paris à huit heures et demie du soir et nous avons voyagé jusqu'à deux heures et demie, le lendemain après-midi, quand nous sommes arrivées à Brighton.

« La tempête en mer a été affreuse et la raison pour laquelle nous nous trouvions tant en péril était que le navire n'était pas en état d'essuyer une telle tempête... Le navire était neuf et c'était sa première expérience du large, par un tel coup de vent. Ah, je frémis rien qu'à la pensée de notre aventure. Ça m'a mise dans un tel état de nervosité que je me sens tout à fait démoralisée, Je n'oublierai jamais ce spectacle, avec le roulis atroce, les craquements, les cris, les pleurs, le sifflotement du capitaine, les dames qui roulaient et s'évanouissaient partout. Vers minuit et demie, nous avons entendu un premier craquement terrifiant, plus fort que le tonnerre. C'était le bruit de la roue à aubes qui cédait, ainsi que les hublots des couchettes, l'eau est entrée à toute vitesse et tous les hommes ont dû se précipiter pour pomper l'eau hors de la coque et nous sauver la vie.

« Nous avons tous cru que le navire coulait - pendant douze heures, j'étais muette de terreur, car il y avait une succession de craquements et tout le temps des morceaux de bois se détachaient. Les matelots ont du attendre le lever du soleil avant de pouvoir remettre en marche les machines, et pendant tout ce temps nous nous attendions à mourir. Le capitaine a hissé les pavillons de détresse et a mis les embarcations à la mer en attendant le pire - et même l'hôtesse du bord, une petite femme bien courageuse, a fondu en larmes, à ce moment là, j'étais certaine que nous étions en perdition, mais d'une manière ou d'une autre, la bonne providence est survenue et nous avons enfin gagné la côte en sécurité, mais je n'oublierai jamais le spectacle de ce navire après notre débarquement. Le capitaine avait l'air tellement effrayé, avec sa passerelle toute cassée, ainsi que tout le pont et des parties des roues. Ah, comme la pauvre cousine Lizzie a pleuré ! Moi j'étais à bout, et c'était pareil pour Alice, Nous étions toutes les deux muettes, mais les regards que nous avons échangés en disaient long. Bon, nous sommes enfin arrivées à Brighton, Alice et moi, et nous avons du y rester pendant une semaine pour essayer de nous en remettre ».

A partir de ce moment, dans notre histoire, on trouve des photos des navires et les informations significatives sont fournies dans les légendes.

On commença à se servir des liaisons radio avec la côte, dès 1904, et lorsqu'on introduisit le *Paris IV*, en 1913, déjà équipé de la radiotélégraphie, il fallut également équiper les autres navires. On essaya un appareil de radiogoniométrie sur le *Brighton IV* en 1927 et 1928, et ce dernier fut si efficace par temps de brume, que l'on en équipa tous les vapeurs de voyageurs, sauf le *Brighton*, l'*Arundel* et le *Dieppe*.

En 1925, les lampes à huile qui éclairaient le port de Newhaven furent remplacées, grâce à l'injonction d'une centrale électrique qui alimentait également la corne de brume. La centrale fut vendue en 1927 et le port fut relié à la société d'électricité de Newhaven et Seaford, ce qui permettra l'installation de cabestans et de grues plus puissants. Jusqu'à la Seconde Guerre mondiale, il était pourtant tout à fait habituel de voir des trucks de chemin de fer, tractés individuellement sur les quais, par des chevaux.

Pendant la "drôle de guerre", un service minimal fut maintenu, mais abandonné avec le vrai début des hostilités. Le *Rouen*, camouflé, rentra pour la dernière fois le 9 mai 1940 et le *Versailles* réussit à s'échapper, chargé de passagers, de marchandises et de courrier, et à prendre du service dans l'amirauté française, à Newhaven. Le *Rouen IV* fut capturé par les Allemands et en 1941, il devint le croiseur auxiliaire *Natter*, puis en 1942, le navire expérimental *Wullenwever*. Le 25 avril 1943, il fut endommagé par l'explosion d'une mine en mer Baltique. Sur la photo n° 105, on voit le navire dans le canal de Kiel. Le *Newhaven*, sistership du *Rouen*, eut une carrière mouvementée, il devint d'abord le patrouilleur *Skorpion*, puis le navire de dépôt *Skaggerack,* et enfin le navire-caserne *Barbara*.

Les vapeurs anglais devinrent navires-hôpitaux à temps, pour l'évacuation de Dunkerque. Le *Worthing,* navire-hôpital (n° 30), pouvait transporter 248 blessés ; le *Brighton V* (n° 31), 250 blessés et le *Paris* (n° 32), 180 blessés.

En octobre 1941, Newhaven fut retenu comme lieu de rendez-vous pour un échange de prisonniers gravement blessés. Bien que tout ait été prévu et que, en éclairant le quai on ait même transgressé une nuit de black-out, le projet fut annulé parce que, paraît-il Hitler insistait pour que la libération de son député, Rudolf Hess, soit incluse dans l'opération.

Le duc de Windsor, lorsqu'il était prince de Galles et roi sous le nom d'Edward VIII maintint des liens, ténus mais réguliers, avec les navires de Newhaven. Sur la photo n° 75 on voit mentionné l'accueil qu'il fit à son père, à Dieppe, à bord du *Brighton IV*. Pendant les années 1930, le prince et Mrs Wallis Simpson firent une longue croisière en Méditerranée, à bord de l'ancien SS *Dieppe,* transformé en yacht de luxe et rebaptisé *Rosaura,* son nom apparut dans la série de télévision "Edward and Mrs Simpson". Sur la photo n° 135, on voit le *Brighton V* pavoisé en l'honneur du seul anniversaire qu'il put fêter en tant que roi non couronné. Enfin, sur la photo n° 96, on voit le *Newhaven* au poste d'amarrage de nuit, d'où il embarqua Mrs Simpson pour Dieppe, peu de temps avant l'abdication, en 1936.

La Ligne de Newhaven naquît et atteint son apogée avec des propriétaires privés. Pendant l'entre-deux-guerres, elle se maintint de justesse, considérablement aidée par son contrat pour le transport du courrier trans-Manche. Après la Seconde Guerre mondiale, elle fut soutenue par la nationalisation, mais on fut quand même obligé d'interrompre le service d'hiver. L'introduction du premier car-ferry, le *Falaise,* en 1964, suscita l'espoir d'une reprise, mais après la dénationalisation et la vente de la moitié anglaise du service, ce succès ne se réalisa pas.

*1 - "Bacon's London and Paris Hotel" is the caption to this print of 1848. Bacon was the manager.
A competition for a winning design was held by the L.B.S.C.R. (London, Brighton and South
Coast Railway) ; the first choice was disqualified as it was submitted by four young employees
of the company. The London Express can be seen to the left of the picture.*

1 - L'intitulé de cette gravure de 1848 est "Bacon's London and Paris Hotel". Bacon est directeur.
La société de chemins de fer LBSCR (London, Brighton and South Coast Railway) organise un concours
pour découvrir le meilleur dessin. Le dessin gagnant est disqualifié parce que proposé par quatre
jeunes employés de la société. A gauche de l'image, on voit le *"Rapide"* pour Londres.

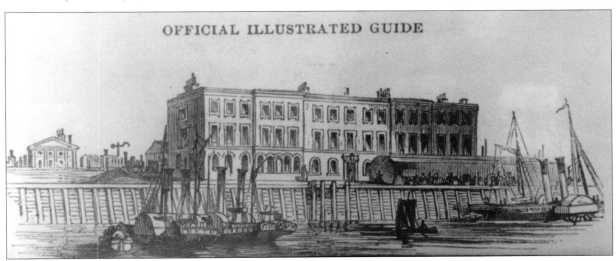

*2 - From a* Railway Guide 1851 *this is no doubt an attempt to portray the first railway steamers of 1847,
the wooden paddle-steamers* Brighton I, Newhaven I *and* Dieppe I *- their funnels looking rather
"south-eastern". The London and Paris Hotel stands between the vessels and the harbour station ;
the latter was then known as the "Newhaven Wharf for Paris" ; the town station also existed at this time.
The French Revolution thwarted an 1847 start to the ferry service, further hampered by illegality
of a railway company's owning and operating steam-boats.*

2 - Cette illustration, extraite de l'indicateur des chemins de fer de 1851, est sans doute une tentative pour
représenter les premiers vapeurs de 1847, les bateaux en bois, à aubes : le *Brighton I*, le *Newhaven I*,
et le *Dieppe I*. Leurs cheminées paraissent curieusement inclinées. On voit le "London and Paris Hotel"
entre les navires et la gare maritime ; cette dernière est connue à l'époque sous le nom de "Newhaven Wharf
for Paris" (le quai de Paris). La gare de la ville de Newhaven existait déjà à cette époque.
Le service de ferries démarre en 1847, mais la Révolution française de 1848, y fait obstacle
et il est freiné d'autant plus par l'illégalité de sa situation, car les sociétés de chemins de fer
n'ont pas le droit d'être propriétaires de vapeurs.

*3 - The earliest-known photograph of Newhaven harbour, pre-1864. Today's ferries occupy the area from the left of the stern of the sailing vessel (right) to the quayside. Moving inland, the London and Paris Hotel can just be seen, with a small "regular" cargo screw-steamer nearest and a paddlesteamer beyond (next picture). A sailing vessel occupies the remaining area of the piled wharf.*
*No swing-bridge. Backwater, "Pennants Eye", almost to the town station.*

3 - Voici la première photo connue du port de Newhaven ; elle date d'avant 1864. Les car-ferries d'aujourd'hui occupent l'espace entre la poupe du vaisseau à voiles (à droite) et le quai. Plus à l'intérieur, on peut tout juste discerner le "London and Paris Hotel", un petit cargo à hélice et un bateau à aubes (voir photo suivante). Le reste du quai, avec ses pilotis, est occupé par un bateau à voiles.
Il n'y a pas de pont tournant. Le bras mort "Pennants Eye" mène presque, jusqu'à la gare de la ville.

*4 - This photograph has been "extracted" from the previous picture and must surely be the earliest camera recording of any Newhaven steamer. It is probably the iron paddle-steamer* Paris I *(1852-1863) or* Dieppe II *(1862-1867) or* Rouen I *(1853-1862). The small freighter ahead in photograph 3 is probably S.S.* Rouen II *of 1862 or S.S. Sussex I (1862-1887).*

4 - Cette photo est un agrandissement d'une partie de la précédente et doit être la première à représenter un vapeur de Newhaven. Il s'agit d'un navire à aubes en fer, qui pourrait être le *Paris I* (1852-1863), le *Dieppe II* (1852-1867) ou le *Rouen I* (1853-1862). Le petit cargo à proximité que l'on voit sur la photo n° 3, est probablement le SS *Rouen II* de 1862 ou le SS *Sussex I* (1862-1887).

*5 - This photograph is claimed to be of P.S.* Brighton II *which came into service for Maples (shipping agent) at Newhaven in 1856. Having a hurricane or turtle-back deck over the forecastle was a considerable innovation at the time. A fast steamer, she was sold in 1858 to a Weymouth company ; but in this picture of her on this service, she is without the hurricane foredeck. She was wrecked making Guernsey harbour in dense fog, in 1887.*

5 - On suppose que cette photo représente le PS *Brighton II,* mis en service pour l'agent maritime Maples, à Newhaven en 1856. Le navire est équipé d'un bouclier à son gaillard d'avant, innovation considérable à l'époque. Ce vapeur rapide est vendu en 1858 à une compagnie de Weymouth ; la photo a été prise après sa vente, et on le voit sans le bouclier de son gaillard d'avant. Il fait naufrage en entrant dans le port de Guernesey, par temps de brume très épaisse, en 1887.

*6 - The iron paddle-steamer* Lyons *(1856-1882), in Maples colours, rests at the "Newhaven Wharf for Paris" - later to be known as "Railway Quay". Her galley fire must have been positioned in the starboard paddle-box, from which the stove pipe can be seen leading to the forefunnel. Sister to* Orleans. *"B" sheds can be seen at the rear.*

6 - Le vapeur en fer à aubes, *Lyons* (1856-1882), sous les couleurs de la compagnie Maples, au "Quai de Paris", le futur "Quai des Chemins de Fer" à Newhaven. Le feu de sa coquerie doit se trouver dans le tambour de la roue à aubes de tribord, car on y distingue un tuyau de poêle qui débouche dans la cheminée avant. C'est le sister-ship de l'*Orléans*. On voit des hangars à l'arrière-plan.

*7 - A variation of the previous picture ; the tide has risen, smoke comes from the* Lyons' *funnels' and a hand-crane is in use. The area near-right was used for careening vessels and later to host a gridiron (next picture). Concealed is the creek from Tidemills, which emerged here at the present ferry berth. The creek flow was reduced to two sluices when the building of the East Quay was started in 1879.*

7 - Une variation de la photo précédente ; la marée a monté, de la fumée sort des cheminées du *Lyons,* et on fait fonctionner une grue manuelle. On se sert de l'aire au premier plan, à droite, pour caréner les navires, et plus tard on y installera un grill (voir photo suivante). On ne voit pas l'embouchure de la crique de Tidemills, qui se jette ici, à l'emplacement du poste d'amarrage des car-ferries actuels. L'eau de cette crique sera canalisée dans deux canaux à vannes lors du démarrage de la construction du quai Est en 1879.

*8 - A most revealing shot of the* Lyons *now in L.B.S.C.R. colours with black and white funnels.*
*As with the* Orleans, *her accommodation consisted of thirty berths in the saloon, twenty in the first-class ladies' cabin, twelve in the forecabin and twelve in the ladies' second-class cabin.*
*The crossing time was usually four and a quarter hours. In 1882,* Lyons *had her 15 feet diameter paddle-wheels removed and she became a screw-cargo vessel.*

8 - Une image parlante du *Lyons,* à présent sous les couleurs de la société LBSCR, avec ses cheminées repeintes en noir et blanc. Comme l'*Orléans,* il a trente couchettes dans le salon, vingt dans la cabine de première classe des dames, douze dans la cabine avant et douze dans la cabine de deuxième classe des dames. Normalement la traversée dure quatre heures quinze minutes.
En 1882, on supprime les deux grandes roues à aubes (4,5 m de diamètre), et il devient cargo à hélice.

*9 - Seal of the Brighton and Continental Steam Packet Company, 1847. The steamer depicted agrees with the description of the first three railway steamers : "mahogany, with clipper-bows and bowsprits".*

9 - Le sceau de la "Brighton and Continental Steam Packet Company", (compagnie des paquebots à vapeur de Brighton et de l'Europe), 1847. Le vapeur représenté correspond à la description des trois premiers vapeurs des chemins de fer : "en acajou, avec l'étrave d'un clipper et un mât de beaupré".

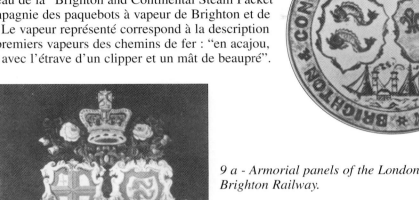

*9 a - Armorial panels of the London and Brighton Railway.*

9 a - Les armoiries du chemin de fer : "London and Brighton Railway".

*10 - Below the towering London and Paris Hotel, a humble hand-crane remains idle on the Railway Quay. This closely resembles the two which were positioned at the seaward end of the Brighton Chain Pier, before Newhaven stole the Channel trade. Hand-cranes of 1848 remained in use at Newhaven until replaced by steam in 1862, and at Dieppe in 1864. Hydraulic cranes were in use for many years, backed by steam, but they were all replaced by electric cranes in 1928.*

10 - A l'ombre de l'imposant "London and Paris Hotel", une modeste grue manuelle reste inutilisée sur le quai des chemins de fer. Celle-ci ressemble beaucoup aux deux grues qui étaient positionnées à l'extrémité de la "Brighton Chain Pier", la jetée pourvue de chaînes de Brighton, avant que le commerce trans-Manche de Brighton n'ai été éclipsé par celui de Newhaven. Les grues manuelles de 1848 ont été remplacées par des grues à vapeur en 1862, à Newhaven et en 1864, à Dieppe. Des grues hydrauliques ont travaillé conjointement avec les grues à vapeur pendant des années, mais ont toutes été remplacées par des grues électriques, en 1928.

*11 - P.S.* Alexandra *: a most attractive steamer built in 1863. Her trial to Dieppe took four and a half hours for the 74 nautical miles. In 1865, she ran aground at Pointe d'Ailly (near the French port), which was later to claim the* Victoria. *She was salved. In 1883, she was sold for £1,465 for excursion work. On further sale, she became registered at Newhaven again, in this pleasure role, based on Hastings. Here in the "New Cut", Newhaven.*

11 - Le PS *Alexandra* : très beau vapeur construit en 1863. Lors de ses essais, il fait la traversée de 74 miles entre Newhaven et Dieppe en quatre heures et demie. En 1865, il s'échoue au large de la pointe d'Ailly, près de Dieppe, au même endroit où coulera le *Victoria,* en 1887. On le sauve : il est vendu £ 1,465 en 1883, pour faire des excursions. Encore vendu, Newhaven redevient son port d'attache et il continue à faire les promenades en mer, basé sur Hastings. Ici on le voit au "New Cut" ("nouvelle tranchée"), à Newhaven.

*12 - Some Newhaven "sell-offs" in a South Wales port. From left to right :*
*P.S.* Marseilles, Paris II *and* Alexandra, *c. 1888.*

12 - Des navires vendus de Newhaven à un port dans le sud du pays de Galles, vers 1888.
De gauche à droite : les PS *Marseille, Paris et Alexandra.*

*13 - A black and white version of a coloured poster, enticing traders to use the Newhaven-Dieppe route.*

13 - Version en noir et blanc d'une affiche en couleurs pour attirer les commerçants à passer par la route Newhaven-Dieppe.

*13 a- Not only traders, but continental tourists could be encouraged to visit our historic buildings and enjoy our pageantry.*

13 a - Non seulement les commerçants mais aussi les touristes européens étaient encouragés à visiter l'Angleterre pour son faste et ses sites historiques.

*14 - Seal of the London, Brighton and South Coast Railway, 1846. The crests (clockwise from the top) are : London, Hastings, Brighton and Portsmouth.*

14 - Le sceau de la société "London, Brighton and South Coast Railway" en 1846. Les armoiries sont celles de : Londres, Hastings, Brighton et Portsmouth (à partir du haut, dans le sens des aiguilles d'une montre).

*14 a - Armorial panels of London, Brighton and South Coast Railway.*

14 a - Les armoiries de la société "London, Brighton and South Coast Railway".

*15 - P.S.* Marseilles *(1864-1882), built at Deptford. Paddle-wheels of 17 feet in diameter gave her a speed of 13 knots. A sister vessel, the* Bordeaux, *was to arrive on the service during the following year.* Marseilles *is shown in the New Cut, Newhaven - she could be here for lay-by, overhaul or awaiting sale.*

15 - Le PS *Marseille* (1864-1882), construit à Deptford ; il peut atteindre une vitesse de 13 nœuds grâce à ses roues à aubes de 5,2 m de diamètre. Son sister-ship le *Bordeaux*, est livré l'année suivante. Ici, on le voit au "New Cut", à Newhaven. Il pourrait être là, désarmé, pour radoubage, ou dans l'attente d'être vendu.

Photo Edward Reeves Collection Sunday Times

*16 - P.S.* Bordeaux *(1865-1890), finer lines forward and a foot less depth than her sister, she could make 15.78 knots and cross in four hours twenty-nine minutes; but* Orleans *managed to beat her by five minutes in a race to Dieppe. This picture by the photographer Edward Reeves is by courtesy of the Sunday Times.*

16 - Le PS *Bordeaux* (1865-1890) : sa ligne est plus fine que celle de son sister-ship, et son tirant d'eau est inférieur de 30 cm ; il peut atteindre une vitesse de 15,78 nœuds et traverser en quatre heures vingt-neuf minutes, mais lorsqu'il fait la course avec l'*Orléans*, ce dernier arrive à Dieppe, avec 5 minutes d'avance. Cette photo, du célèbre photographe Edward Reeves, est reproduite avec la permission du "Sunday Times".

*17 - Probably* Bordeaux *or her sister at Dieppe. One could speculate on the military-style sentry box on the quay, for it may well have been connected with the Franco-Prussian War of 1870. Boat trains to Paris ceased with the siege of the capital from 9 September, although the steamer service continued until the Germans occupied Dieppe on 9 December.*

17 - Probablement, une photo du *Bordeaux* ou de son sister-ship à Dieppe. On pourrait s'interroger sur la présence de la guérite militaire ; il est possible qu'il s'agisse de la guerre franco-prussienne de 1870. Les trains vers Paris cessent avec le siège de la capitale dès le 9 septembre, mais le service des vapeurs continue jusqu'à l'occupation allemande de Dieppe, le 9 décembre.

*18 - P.S.* Bordeaux *at Dieppe quay, after 1877. In that year, she was fitted with new boilers, paddlewheels and cylinders, plus the hurricane foredeck (shown here with the crew posed thereon).*

18 - Le PS *Bordeaux* au quai de Dieppe, après 1877 ; c'est en cette année que l'on installe les nouvelles chaudières, les roues à aubes et le bouclier du gaillard d'avant (on voit ce dernier avec l'équipage, en train de poser sur celui-ci).

*19 - Bordeaux moored in what is now the present-day car-ferry berth at Newhaven, in 1879. The two pile drivers (left) are working on the final closing of the creek to Bishopstone Tidemills. The shed/warehouse (right) was the first erected and the last to be demolished on this, the new East Quay.*

19 - Le *Bordeaux*, amarré en 1879, à la position où se trouve l'actuel poste d'amarrage des car-ferries à Newhaven. Les deux sonnettes (à gauche) travaillent sur la fermeture finale de la crique de Bishopstone Tidemills. Le hangar (à droite), est le premier à être construit et le dernier à être démoli sur le nouveau quai Est.

*20 - Bordeaux moored outside of P.S.* Normandy *at the marine workshops, railway quay, Newhaven, in 1888. By this time, she had been purchased by J. H. Bull & Company of Newhaven. She was later moved into the New Cut where she remained until broken up in 1894. The near steam-hopper is the* Trident *which laid the foundation of the present breakwater at the harbour entrance.*

20 - Le *Bordeaux,* amarré en couple avec le PS *Normandy,* aux ateliers maritimes du quai des chemins de fer à Newhaven, en 1888. A cette époque il a été racheté par la compagnie J.H. Bull, de Newhaven. Plus tard, on l'accostera au "New Cut", où il restera jusqu'en 1894, date où il sera envoyé à la casse. La drague porteuse à proximité, est le *Trident* qui posera les fondations du brise lames actuel, à l'entrée du port.

*21 - The* Bordeaux *at the lay-by berth in the New Cut. Painting appears to be the intention on the after-funnel, with the neutral colouring probably chosen to disassociate her from the Railway Company's fleet.*

21 - Le *Bordeaux* désarmé au "New Cut". Apparemment on a l'intention de repeindre la cheminée arrière ; on a probablement choisi une couleur neutre pour dissocier le navire de ceux de la flotte de la société des chemins de fer.

*22 - It would seem that* Bordeaux *spent quite a few years in the New Cut before her sale, which explains more than one photograph of her at this location. This picture was taken from the island resulting from the New Cut (Denton Island). Steering was manual by large double-wheels, between the funnels. On the foredeck, ahead of her foremast, is a cannon ; one could speculate on blockade-running during the Franco-Prussian War or its usage for fog-signalling !*

22 - Il semble que le *Bordeaux* ait passé plusieurs années au "New Cut" avant d'être vendu, ce qui explique l'existence de plusieurs photos de cet endroit. Celle-ci a été prise de l'île créée par la construction du canal de "New Cut" (Denton Island). Le navire est à conduite manuelle, avec de grandes roues doubles de gouvernail situées entre les cheminées. On pourrait s'interroger sur la présence d'un canon sur le pont avant, devant le mât de misaine ; peut-être est-ce pour briser le blocus pendant la guerre de 1870, ou pour faire office de signal de brume !

*23 - P.S.* Paris II, *the iron paddle steamer, built in 1875 for the London, Brighton and South Coast Railway, at a cost of £ 25,796 : a fine sea boat, but lacking speed. The paddle-wheels were 17 feet in diameter. The flat floats were changed to curved steel ones in about 1883. Note her half-cased funnels. Sold in 1888, she had four more owners until being wrecked as the* Glendale *in 1905. Her best crossing time was four hours fifty minutes.*

23 - Le PS *Paris II,* vapeur en fer à aubes, construit en 1875 pour la société de chemins de fer "London, Brighton an South Coast Railway" au prix de £ 25,796 : un navire qui tient bien la mer mais qui manque de vitesse. Les roues à aubes sont de 5,2 m de diamètre ; les aubes droites seront remplacées par des aubes convexes, en acier, en 1883 environ. Son meilleur temps de traversée était quatre heures et cinquante minutes. Remarquez les cheminées à moitié gainées. Il est vendu en 1888 ; il aura encore quatre propriétaires avant de faire naufrage en 1905, sous le nom de *Glendale.*

*24 - At Dieppe, the "Station des paquebots de Newhaven". The near vessel is the regular cargo-steamer* Newhaven. *Always propeller driven, the freighters were usually known as the "Dieppe Screws". After the French took over the running of the cargo service, all the passenger steamers were still paddlers until the* Seine *of 1891. S.S.* Newhaven *operated between 1875-1899, behind her is* Brittany *or* Normandy *of 1882.*

24 - A Dieppe, la "Station des Paquebots de Newhaven". Le navire au premier plan, est le cargo à vapeur *Newhaven.* Ces cargos étaient toujours propulsés par hélice et surnommés les "Dieppe Screws" ("hélices de Dieppe"). Après la reprise du service des cargos par les Français, tous les vapeurs pour voyageurs étaient des navires à aubes, jusqu'à l'introduction du *Seine* en 1891. Le SS *Newhaven* navigue pendant la période 1875-1899 ; à l'arrière-plan, on voit le *Brittany* ou le *Normandy,* de 1882.

25 - *P.S.* Brighton III *(1872-1893) at Newhaven. She and her sister* Victoria *were the first steel passenger boats on the service, and the first with steam-steering gear on their bridges. When delivered, they had half-encased funnels (as* Paris II*), but these were modernised. Subsequent pictures of her as an excursion steamer show the same funnels, yet a First World War photograph of her, as a water carrier during the Gallipoli campaign, shows her with funnels again only half-cased.*

25 - Le PS *Brighton III* (1872-1893), à Newhaven. Le *Brighton* et son sister-ship, le *Victoria*, sont les premiers navires en acier pour voyageurs sur la Ligne et les premiers à être équipés d'un servomoteur de gouvernail à vapeur sur leur passerelle. Au début, ils avaient les cheminées à moitié gainées (comme celles du *Paris II*), mais ces dernières ont été modernisées, comme on le voit sur les photos plus récentes du *Brighton* un vapeur d'excursion. Cependant, sur une photo pendant la guerre de 1914-1918, on le voit faisant office de navire-citerne à eau au cours de la campagne de Gallipoli, une nouvelle fois avec les cheminées à moitié gainées.

26 - Brighton III *and her sister could make 17 knots and were regarded as the finest ships of their time in the Channel.* Brighton *managed to hit the Dieppe pier on her maiden entry. Her second encounter with a Dieppe pier, on 15 June 1893, was far more disastrous: it was a foggy night, and after the collision, she settled down in the harbour. There was no loss of life.*

26 - Le *Brighton III* et son sister-ship pouvaient atteindre une vitesse de 17 nœuds. Ils étaient considérés les meilleurs navires trans-Manche de leur époque. Le *Brighton* trouve le moyen de heurter la jetée de Dieppe lors de son entrée inaugurale. Sa deuxième rencontre avec une jetée, à Dieppe, par temps de brume, le soir du 15 juin 1893, est de loin plus désastreuse : il s'échoue dans le bassin, mais il n'y a pas de victimes.

*27 - Brighton III looking very subdued in Dieppe harbour. This scene must have played havoc with the confidence of the passengers using the other vessels. She was raised and became an excursion steamer in the Bristol Channel. After her First World War service, she was sold to a Turkish concern and not broken up until 1927 !*

27 - Le *Brighton III* a l'air bien triste à Dieppe, dans le bassin. Ce spectacle ne doit pas être très rassurant pour les voyageurs sur les autres navires. On le renfloue et il devient vapeur d'excursion sur le canal de Bristol. Après son service pendant la Première Guerre mondiale, il est racheté par une compagnie turque, et ce n'est qu'en 1927, qu'on l'envoie à la casse !

---

**Saison de 1872 pendant le Service d'Été.**

# DE PARIS A LONDRES
## Par DIEPPE & NEWHAVEN

Départ de Paris (gare Saint-Lazare) tous les jours excepté le dimanche

**TRAVERSÉE EN 5 HEURES**

*Prix des Places de Paris à Londres (et vice-versa)*

| TRAJET SIMPLE (valable sept jours) | | | ALLER ET RETOUR (valable un mois). | | |
|---|---|---|---|---|---|
| 1re classe. | 2e classe. | 3e classe. | 1re classe. | 2e classe. | 3e classe. |
| 38 fr. 85 c. | 28 fr. 50 c. | 20 fr. 70 c. | 64 fr. 85 c. | 48 fr. 65 c. | 36 fr. 25 c. |

S'adresser pour renseignements à Paris, gare Saint-Lazare, et à l'agence générale, 7, rue de la Paix ; à Dieppe, 93, quai Henri IV, et à Londres aux bureaux de l'agence générale, 18, Fish street hill (City), ou aux stations de London Bridge et de Victoria.

28 - *P.S.* Victoria *(1878-1887). On her first arrival at Newhaven from Glasgow, she made contact with the pier. On her maiden departure for Dieppe, she ran aground on an ebbing tide. Later, she was to run aground off Rottingdean. The final and tragic escapade happened off Pointe d'Ailly, west of Dieppe : in dense fog, she struck rocks. An accident during the lowering of a lifeboat cost 19 lives. It was claimed no foghorn was sounding from the lighthouse at the Pointe.*

28 - Le PS *Victoria* (1878-1887). Il heurte la jetée de Newhaven alors qu'il y fait sa première entrée, en arrivant de Glasgow. En appareillant à destination de Dieppe pour la première fois, il s'échoue à la marée descendante. Plus tard, il s'échoue encore au large de Rottingdean. L'incident définitif et tragique a lieu au large de la pointe d'Ailly, à l'ouest de Dieppe : par temps de brume épaisse, il est drossé sur les brisants. Pendant la mise à la mer d'une des embarcations, un accident cause 19 morts. On prétend que la corne de brume du phare d'Ailly ne sonnait pas.

*28 a - P.S.* Victoria, *Pointe d'Ailly 1887.*

28 a - P.S. *Victoria,* Pointe d'Ailly 1887.

*29 - An advertising poster of 1897, depicting one of the last four paddle-steamers on the route.*

29 - Une affiche de 1897 qui représente l'un des derniers vapeurs à aubes sur la Ligne.

*29 a - From a group picture taken on P.S. Paris III (1888-1892), I have extracted a typical crewman of the time : around his hat-band, "Newhaven-Dieppe", and emblazoning his guernsey (not jersey), pride of his calling, the "Newhaven and Dieppe Service".*

29 a - J'ai tiré ce cliché d'un membre d'équipage typique de l'époque, d'une photo de groupe prise à bord du PS *Paris III* (1888-1892) : les mots de "Newhaven-Dieppe" sont marqués sur le ruban de son bonnet, et son "guernesey" (pas son "jersey"), porte le blason du fier emblème de son métier, le "Newhaven and Dieppe Service".

*30 - From "Blackman's Head", Newhaven harbour, a camera has captured a delightful scene as the paddle-tug* Tipper *passes a sleeping* Brittany, *moored in the same berth as is now used by the carferries. The terminal buildings were replaced in the 1970s. The steam cranes were moved to North Quay, where they were replaced by electrics in the last war.*

30 - Un appareil photo installé à "Blackman's Head", au port de Newhaven, a fixé un joli spectacle ; le remorqueur à aubes le *Tipper* dépasse le *Brittany*, qui relâche à l'endroit du poste d'amarrage actuel des car-ferries. On remplacera les immeubles de la gare maritime dans les années 70 du vingtième siècle. On réinstallera les grues à vapeur sur le quai nord, où elles resteront jusqu'à leur remplacement par des grues électriques pendant la Seconde Guerre mondiale.

*31 - P.S.* Brittany *(1882-1901) leaves Newhaven. She and* Normandy *were the first steamers on the crossing to be lit by electricity - oil lamps being the earlier method. More powerful than their predecessors, they had the same-sized paddle wheels (17 feet in diameter), but with Stroudley's patent floats, they gained 1.5 knots. These wheels had their weaknesses, as will be explained later.*

31 - Le PS *Brittany* (1882-1901), appareille de Newhaven. Le *Brittany* et le *Normandy* sont les premiers vapeurs de la Ligne éclairés par l'électricité qui remplace les lampes à pétrole. Ils sont plus puissants que leurs prédécesseurs ; leurs roues à aubes ont le même diamètre (5,2 m), mais elles sont dotées d'aubes brevetées par Stroudley, ce qui donnent aux navires une vitesse supérieur de 1,5 nœud. On constatera cependant, que ces roues ont des points faibles.

*32 - P.S.* Brittany *rests at the marine workshops, just below the swing bridge. Between the front legs of the sheerlegs sits a marine boiler, probably not for this vessel, for in 1892-93 she was reboilered in Glasgow At the same time she was fitted with taller funnels and her superstructure lengthened from the aft funnel to the mainmast, as in this picture. The S.S.* Seaford *on the gridiron (right) dates the photograph between 1894 and 1895.*

32 - Le PS *Brittany* aux ateliers maritimes, juste en aval du pont tournant. Entre les pieds de la bigue, on aperçoit une chaudière marine ; cette dernière n'est probablement pas destinée à ce navire, dont la chaudière a été déjà remplacée à Glasgow, en 1892-1893. A la même époque, on a installé des cheminées plus hautes et on a rallongé la superstructure entre le mât principal et la cheminée arrière, comme on le voit sur cette photo. La présence du SS *Seaford* sur le grill de carénage (à droite), nous permet de dater cette image des environs de 1894 ou 1895.

*33 - P.S.* Brittany *or* Normandy *at the Dieppe berth, later used by the cargo boats, the passenger vessels moving nearer to the town. An interesting view, showing the boat-train (padded doors) and passengers - probably embarking.*

33 - Le PS *Brittany* ou le *Normandy*, au poste d'amarrage de Dieppe. Cette position servira plus tard pour amarrer les cargos, et le poste d'amarrage des navires de voyageurs sera rapproché plus près du centre de la ville. Sur cette image intéressante, on voit le train avec ses portières matelassées et des passagers qui, probablement, embarquent.

*34 - A delightful shot of* Normandy *at Railway Quay in May 1883. Stroudley's patent paddle-wheel can be visualised from this angle. It was more complicated than just eccentrics and arms, but the purpose was that each float, weighing a ton and a half, was controlled and positioned so that it entered the water, gave maximum push and spilled after the thrust, avoiding build-up in the paddle box. This could be achieved with a pivoting float.*

34 - Photo charmante du *Normandy* au quai des chemins de fer, à Newhaven, en mai 1883. Sous cet angle, on remarque la roue à aubes brevetée par Stroudley. Celle-ci comprend un mécanisme plus compliqué d'aubes et d'excentriques, mais le but du concept est que chaque aube, qui pèse 1,5 tonne, soit commandée et positionnée pour un entraînement maximum en entrant dans l'eau, et déverse ensuite sa charge d'eau aussitôt après, en évitant ainsi un surcroît de pression dans le tambour. Ceci s'effectue grâce aux aubes pivotantes.

*35 - P.S.* Normandy, *here as a pleasure steamer in the Ilfracombe area. She and her sister were sold in 1902 to a concern planning to run in opposition to the Isle of Man Steam Packet Company. A heavy loss resulted and they were sold the same year by a Mr. J. R. Richards,* Brittany *already being dismantled.*

35 - Un PS *Normandy* qui fait office de vapeur de plaisance dans la région d'Ilfracombe. Il est vendu en 1902, ainsi que son sister-ship, à une compagnie qui envisage de faire concurrence à la compagnie de paquebots de l'île de Man. Cette entreprise se solde par de lourdes pertes, et les navires sont vendus, la même année, par un certain Mr J.R. Richards. Le *Brittany* est déjà en pièces détachées lors de sa vente.

*36 -* "Dieppe Screws" *at Dieppe : near is* S.S. Italie (*previously English-operated as* Italy) *1885-1910. which had a sister* Lyon (*ex.* Lyons) *1885-1911. Further away is* S.S. Caen *1890-1913, whose sister ship was* S.S. Angers *which was wrecked entering Dieppe in 1899. These operated the regular cargo service during the period of greatest prosperity on the route.*

36 - Des cargos *"Dieppe Screw"* à Dieppe : au premier plan, on voit le SS *Italie* (baptisé l'*Italy* par ses anciens propriétaires anglais), 1885-1910, dont le sistership est le *Lyon* (l'ancien Lyons), 1885-1911. Vers l'arrière-plan, se trouve le SS *Caen,* 1890-1913, dont le sister-ship était le SS *Angers* ; ce dernier a fait naufrage en entrant dans le port de Dieppe, en 1899. Ces navires assurent un service régulier entre Dieppe et Newhaven pendant la période la plus prospère de cette Ligne de cargos.

*37 - Newhaven harbour in about 1900, "halcyon days". From the fort approaches is viewed "Sleepers Hole, now a yacht marina. A freighter leaves. P.S.* Brittany (or Normandy) *in the night berth. Note the period of hydraulic cranes on the East Quay. At Railway Quay is Caen service steamer S S* Calvados, Trouville, *or* Prince Arthur. *Beyond is S.S.* Caen *and then* Italie *or* Lyon. *Note the London and Paris Hotel, sheerlegs crane and marine shops. The harbour tug* Alert *is on the left.*

37 - "Jours de bonheur" : le port de Newhaven aux environs de 1900. Des abords du fort, on voit "Sleepers Hole", où se trouve l'actuel port de plaisance. Un cargo appareille. Le PS *Brittany* (ou le *Normandy*), est au poste d'amarrage de nuit. Remarquez que nous sommes à l'époque des grues hydrauliques du quai Est. Au quai des chemins de fer, on voit un vapeur de la ligne Newhaven-Caen : le *Calvados*, le *Trouville* ou le *Prince Arthur*. A l'arrière-plan, on remarque l'*Italie* ou le *Lyon*, derrière le SS *Caen*. Remarquez le « London and Pans Hotel », la bigue, et les boutiques d'objets de marine.
L'*Alert*, remorqueur du port, est à gauche.

*38- "Dieppe Screw",* Lyons or Italy, *leaves from Railway Quay. Possibly* Rennes I *(1865-1891) occupies the old passenger departure wharf. Behind the stern the* Lyons *is perhaps the* S.S. Dieppe III *(1875-1901). On the roof at the near end can be seen the word "Hotel" and below that word, can be read "Yacht Club" ; most select ! Left of the buildings is the water-tower and hydraulic pumping house.*

38 - Un cargo "Dieppe Screw", le *Lyons* ou l'*Italy*, appareille du quai des chemins de fer.
A l'ancien quai des voyageurs, on voit un navire qui pourrait être le *Rennes I* (1865-1891).
Un autre navire, derrière la poupe du *Lyons,* est peut-être le SS *Dieppe III* (1875-1901).
Sur le toit de l'hôtel, en dessous du mot "Hotel", on peut distinguer les mots "Yacht Club" ; très sélect !
A gauche de l'immeuble, se trouvent le château d'eau et la station de pompage hydraulique.

*39 - Fore-to-aft view across the foredeck of the P.S. Rouen IV (1888-1903) in "Sleepers Hole", Newhaven. The wound-steel cable, foreground, was used (via the capstan) to warp the vessel, away from the quayside. The hawser, looped at its leading end, was taken by row-boat to a bollard on the west bank ; when the bow of the steamer had reached mid-stream, the capstan would stop for a short while to allow the cable to be discarded from the bollard.*

39 - Vue d'avant, en arrière du pont avant, du PS *Rouen IV* (1888-1903), à "Sleepers Hole" à Newhaven. L'amarre en fil d'acier torsadé, que l'on voit au premier plan, sert à écarter le navire du bord du quai, à l'aide du cabestan ; cette haussière, en boucle à l'extrémité, est portée en canot jusqu'à un bollard sur la rive Ouest, lorsque l'étrave du vapeur gagne le milieu du bassin, on stoppe un moment le cabestan pour permettre à l'amarre d'être larguée du bollard.

*39 a - P.S.* Rouen IV *approaching Dieppe*

39 a - PS *Rouen IV* à son approche de Dieppe.

41

40 - P.S. Rouen IV *at Dieppe : an exceptional low tide reveals all ! Extensive dredging over the ensuing years enabled much larger vessels to leave at all states of tide. With a speed of 19.25 knots. and carrying 706 passengers, her record crossing was three hours twenty minutes, on 12 September 1888. In February 1897, in fog, she grounded east of Seaford, refloated, and made home leaking badly. Sold in 1903, she worked the Isle of Man as* Duchess of Buccleuch. *She was scrapped in 1909.*

40 - Le PS *Rouen IV* à Dieppe : une marée exceptionnellement basse révèle tout ! Au cours des années suivantes, des travaux de dragage de grande envergure, permettront à des navires beaucoup plus grands d'appareiller, quel que soit le marnage. Le *Rouen* est capable de transporter 706 passagers à une vitesse de 19,25 nœuds ; il effectue sa traversée la plus rapide en trois heures et vingt minutes, le 12 septembre 1888. Vendu en 1903, il est rebaptisé *Duchess of Buccleuch* pour la Ligne de l'île de Man. Il est envoyé à la casse en 1909.

*41 - P.S.* Paris III *(1882-1912 Newhaven). The last and perhaps the best loved of the paddle-steamers. Here she leaves her home port. The pulling-out hawser is being wound in by the capstan, which is exhausting steam. As a reserve steamer, she remained at Newhaven until December 1912.* She was purchased by the Shipping Federation, and saw First World War service *as the minesweeper* Verdun. *She returned to the Shipping Federation and was broken up in 1924.*

41 - Le PS *Paris III* (1882-1912, Newhaven), peut-être le plus aimé des vapeurs à aubes. Sur cette photo, il appareille de son port d'attache ; le cabestan, dégageant de la vapeur, vire l'haussière d'appareillage. Le *Paris* reste à Newhaven comme navire de réserve jusqu'en décembre 1912. Il est acheté par la "Shipping Federation", (Fédération nationale de navigation) et rebaptisé *Verdun*, fait office de dragueur de mines pendant la Première Guerre mondiale. La "Shipping Federation" le reprend, et l'envoie à la casse en 1924.

42 - *The beautifully-proportioned P.S.* Paris III *asleep in the night berth. The later Newhaven paddle-steamers boasted wheel-houses but never bridges. A suitable area was roped off when leaving or entering port. Hydraulic cranes abound in this picture. Later, they were packed further down the East Quay to allow for four steam-cranes to cover the two ferry berths.*

42 - Le PS *Paris III*, aux proportions idéales, au poste d'amarrage de nuit, à Newhaven. Les derniers vapeurs à aubes de Newhaven arborent une timonerie mais jamais de passerelle ; on leur réserve une aire convenable avec une amarre pour l'appareillage ou l'accostage du navire. On voit quantité de grues hydrauliques sur cette photo ; plus tard, elles seront déplacées plus en aval, sur le quai Est, et leur emplacement aux deux postes d'amarrage des ferries, sera réutilisé par quatre grues à vapeur.

42 a - *The* "Paris III" *leaving Newhaven c. 1885.*
*The breakwater construction started in 1879 is not yet completed.*

42 a - Le *"Paris III"* quittant Newhaven en 1885.
La construction de la jetée commencée en 1879 n'est pas encore terminée.

*43 - This attractive scene over the old manual swing-bridge is accidentally unique, for it includes the last piston-driven English passenger boat on the service, the* S.S. Arundel *(left) and the last paddle steamer, the* Paris III *(right), circa 1905. Also to be seen is a Brest class screw of 1900 beyond the* Arundel, *with the wooden dumb dredger* Hercules *in mid-stream. Welsh steam coal is discharged (right), for ferry bunkering, via the barges nearby.*

43 - Cette jolie vue du port de Newhaven surplombant l'ancien pont tournant manuel est, par chance, unique, car elle englobe le dernier navire anglais de la Ligne équipé de machines à pistons, le SS *Arundel* (à gauche) et le dernier à vapeur, à aubes, le *Paris III* (à droite), vers 1905. On voit aussi un cargo à hélice du type Brest de 1900, derrière l'*Arundel*, et au milieu du bassin, le *Hercules*, marie-salope en bois.
A droite de l'image, du charbon en provenance du Pays de Galles, est déchargé des chalands.
Il est destiné au soutage des ferries.

*44 - The opulence of the "successful period" is well illustrated by this delightful silver-plated coffee pot from P.S.* Paris III. *Unpinned, the pot could be released, revealing the dainty methylated lamp concealed in the base : coffee would be hot and prestige high !*

44 - Cette belle cafetière argentée du PS *Paris III* illustre bien l'opulence de la "période prospère" de la Ligne.
Si on retire une broche métallique, on aperçoit, dissimulée dans la base, une petite lampe à alcool, qui garde le café au chaud et soutient le prestige de la compagnie !

45 - *The month of January 1890 produced severe freak storms from the south-west veering to west-north-west, accompanied by snow squalls. On 25 January, in the early hours, the* Paris *left Dieppe for Newhaven with 50 passengers. In mid-Channel, two floats, each weighing one and a half tons, were hanging on the starboard wheel, and threatened to hole the ship. The engines were stopped, sea anchor cast, and the only vessel sighted,*

*the* Emerald, *tried for four and a half hours before getting a line to the* Paris. *It was caught by Horace Winder, and the tow-line was secured but after two hours, it broke.* Paris *drifted to Cap Gris Nez and the floats fell free. With slow engines, and helped by foresail and trysail, she made Dover thirty-six hours after leaving Dieppe ! The passengers were much relieved, as were the consignees of the gold bullion which had been aboard !*

45 - Le mois de janvier 1890 amène une période anormale de tempêtes exceptionnelles. Le vent, venant du Sud-Ouest, tourne à l'Ouest-Nord-Ouest, accompagné de rafales de neige. Tôt le matin du 25 janvier, le *Paris* appareille de Dieppe, en direction de Newhaven, avec 50 passagers à bord. Au milieu de la Manche, deux aubes, pesant chacune 1,5 tonne, se détachent partiellement de la roue de tribord et menacent de percer la coque. On arrête les machines et on mouille les ancres ; le seul navire à proximité, l'*Emerald*, essaie pendant quatre heures et demie, de larguer une amarre ; c'est Horace Winder qui réussit à la saisir et on la fixe, mais elle se rompt au bout de deux heures. Le *Paris* dérive vers le Cap Gris-Nez. Les deux aubes se détachent et tombent à la mer. En machine avant lente, aidé de ses voiles de misaine et de cap, il arrive à Douvres, trente-six heures après avoir appareillé de Dieppe ! Les passagers se sentent extrêmement soulagés, de même que les consignataires des lingots d'or transportés sur cette traversée !

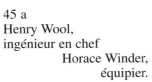

*45 a*
*Chief Engineer*
*Henry Wool.*

*Crewman*
*Horace Winder.*

45 a
Henry Wool,
ingénieur en chef
Horace Winder,
équipier.

*46 - Captain Richard Sharp had left the* Paris *when this photograph was taken on the after-deck of the old paddle-steamer, in about 1896. He had gone to the new S.S.* Seaford, *his place being taken by Captain William Morris (later to be harbour-master). This picture well portrays the men and women of the period. Captain Sharp and the Chief Engineer, Henry Wool, received inscribed gold hunter watches for the 1890 incident. The recipient of the silver watch for his handling of the tow-rope, Horace Winder, now a purser, sits behind the engine-room telegraph.*

46 - Cette photo a été prise sur le pont arrière du vieux vapeur à aubes *Paris III*, vers 1896. Elle décrit bien les hommes et les femmes de l'époque. Le capitaine Richard Sharp a déjà été muté pour commander le nouveau SS *Seaford* ; il a été remplacé par le capitaine William Morris (qui sera commandant de port, plus tard). En récompense, pour la façon dont ils ont maîtrisé l'incident de 1890, le capitaine Sharp et son ingénieur en chef, Henry Wool, reçoivent des montres à savonnette en or gravées. Horace Winder, qui a récupéré la remorque, reçoit une montre en argent ; on le voit, sur la photo, promu au grade de commissaire, assis démère le télégraphe du compartiment machine (à gauche).

*47 - A queen of the seas, abandoned. The last of the graceful paddle-steamers,* Paris III, *displays an air of decay as she awaits a buyer in the shallow waters of "Sleepers Hole", Newhaven. Her gross tonnage was 760, length 250 feet 6 inches, breadth 29 feet (55 feet overall), with a service speed of 19 knots, and had a capacity for carrying 706 passengers.*

47 - Le vieux prince des mers à l'abandon. Le *Paris III*, le dernier des élégants vapeurs à aubes, dans l'attente d'un acheteur, dans les hauts-fonds de "Sleepers Hole", à Newhaven, montre un état de délabrement. Il jauge 760 tonneaux brut, fait 76,3 m de long, 8,8 m de large (16,75 m, hors tout), sa vitesse de croisière est de 19 nœuds, et il peut transporter 706 passagers.

*48 - S.S.* Seine *leaves Newhaven. Although, by 1891, some vessels of the service had been French-crewed* Seine *was the first passenger-steamer on the route to be built and crewed by the French. Her boat-deck was shorter than that of her following sister, one set of boats being on this deck with a pair of davits on the main deck. Her funnels appeared thinner and slightly taller. She pioneered the cross-Channel cruiser stern. She was laid up in 1901 and scrapped in 1905*

48 - Le SS *Seine* appareille de Newhaven. Bien que quelques navires de la Ligne aient eu un équipage français avant 1891, le *Seine* est le premier vapeur à voyageurs sur cette route, à être construit et équipé en personnel, par les Français. Son pont des embarcations est plus court que ceux de ses sisters-ships plus récents ; un jeu de chaloupes se trouve sur ce pont, mais il y a aussi une paire de bossoirs sur le pont principal. Ses cheminées paraissent plus étroites et légèrement plus hautes. C'est le pionnier des navires trans-Manche doté de la poupe des croiseurs. On le désarme en 1901, et on l'envoie à la casse en 1905.

*49 - No French paddle-steamers were built for the Newhaven-Dieppe route. The* Seine *and her performance must have made the operators well satisfied, for two years ; later she gained a sister when the* Tamise *entered the service. At 21 knots, she was "two up" on the* Seine *despite*  *being of a sturdier build, but this was at the cost of about four more tons of coal per trip.*

49 - Il n'y a pas eu de vapeurs français à aubes construits pour la Ligne Newhaven-Dieppe. Les directeurs de la compagnie ont du être très satisfaits des performances du *Seine*, car ils ont introduit, deux ans plus tard, son sister-ship, le *Tamise*. Malgré la charpente plus robuste de ce dernier, il est capable d'atteindre 21 nœuds, gagnant ainsi deux nœuds sur le *Seine*, mais cette performance était au prix d'environ quatre tonnes de charbon, par traversée.

50 - The Tamise *arrives at Dieppe to a vast reception. It is believed that this welcome was for the French President on his return from successful discussions in London, concerning the Entente Cordiale. Note the three "screws" of the "Brest" class with their "woodbine" funnels ; beyond* Tamise, *is probably S.S.* Arundel.

50 - Le *Tamise* est accueilli par une grande foule à son entrée dans le port de Dieppe. On suppose qu'il s'agit du retour en France du président de la République, après des débats à Londres au sujet de l'Entente Cordiale, couronnés de succès. Remarquez les trois cargos du type "Brest" équipés de cheminées en "cigarette", et le navire derrière *Tamise*, probablement le SS *Arundel*.

51 - *An imposing picture of* Tamise *leaving Newhaven - all smoke and steam. On her first crossing in November 1893,* Tamise *took only three hours and three minutes. Her passenger capacity was for about 750. Note the increase in ventilators compared with the* Seine.

51 - Image imposante d'un *Tamise* qui appareille de Newhaven dans la fumée et la vapeur. Le Tamise ne met que trois heures et trois minutes à effectuer sa première traversée, en novembre 1893. Il peut transporter environ 750 passagers. Remarquez que ses capuchons de ventilation sont plus nombreux que ceux du *Seine*.

*52 - The S.S. Seaford. Launched on 19 April 1894, she reached almost 20.25 knots on her trials in July of the same year. On the reverse of the original photograph (reproduced here) was the date 20 August 1895, just two days before her dramatic sinking ! Her horizontal funnel top and the lifeboat arrange-ment spoilt her appearance. This was corrected with her replacement, the S.S. Sussex. The* Seaford *could carry 923 passengers ; on the fateful day of 22 August, there were only 255. Homeward-bound under the command of Captain Richard Sharp, she ran into thick fog. The* Lyon, *heading for Dieppe, rammed her amidships on the port side.*

52 - Le SS *Seaford*. Lancé le 19 avril 1894, il atteint une vitesse de presque 20,25 nœuds lors de ses essais en juillet. Au verso de cette photo, on distingue la date du 20 août 1895, juste deux jours avant son naufrage dramatique. Son apparence est enlaidie par le haut, horizontal, de sa cheminée et la disposition de ses chaloupes ; on ne commet pas les mêmes erreurs avec son successeur, le SS *Sussex*. Le *Seaford* peut transporter 923 passagers, mais le jour fatal du 22 août, il n y en a que 255. Faisant route en direction de Newhaven, commandé par le capitaine Richard Sharp, il tombe sur une nappe de brume épaisse. Le *Lyon*, qui se dirige vers Dieppe, le heurte latéralement sur son axe bâbord.

*53 - The French captain quickly put his ship alongside the stricken* Seaford. *A gang plank allowed the passengers to cross hurriedly to the cargo boat. One lady fell into the sea and was rescued by an English seaman - she suffered no more than a broken ankle. The* Seaford's *lifeboats were gathered before the steamer sank thirty minutes after the collision. Apart from loss of possessions, the passengers were most fortunate.*

53 - Le capitaine français s'amarre rapidement le long du bord du *Seaford* empalé. A l'aide d'une planche les passagers rejoignent en toute hâte, le cargo ; une dame tombe à la mer et est sauvée par un marin anglais ; elle s'en tire avec une cheville cassée. On met les embarcations du *Seaford* à la mer et on les regroupe avant que le navire ne coule, trente minutes après la collision.
Mise à part la perte de leurs affaires, les passagers s'en sont bien sortis.

*54 - With her bow split open and only her forward bulkhead holding back the sea, Lyon, and her extra "cargo" crept back to Newhaven. Seaford's lifeboats were towed astern, in case of further trouble for the Lyon only had two boats of her own for the crew. The passengers arrived safely at their destination - late, but alive. The damaged Lyon is shown on the north gridiron at Newhaven.*

54 - L'étrave du *Lyon* est fendue et seule la cloison étanche avant, empêche l'eau d'entrer.
Il réussit à regagner le port de Newhaven tant bien que mal, avec sa cargaison supplémentaire,
remorquant les embarcations du *Seaford*, car il n'est équipé que des deux chaloupes pour l'équipage.
Les passagers débarquent sains et saufs à destination, en retard, mais en vie.
Sur cette photo, on voit le *Lyon* amaré sur le grill de carénage Nord, à Newhaven.

*55 - The pretty* Sussex II *approaching Dieppe. Steam from her whistle indicates the warning to keep clear, and for dockside workers to stand by. Flags of various sizes indicated numbers of passengers in l00s, 50s and 25s ; first class was on the foremast and second class on the mainmast of a two-masted vessel. An 1896 replacement for* Seaford, *her funnel was "right". The counter stern differed and the exposed decking aft was later plated in.*

55 - Le joli *Sussex II* approche de Dieppe. On aperçoit le jet de vapeur du sifflet avertissant de se tenir
à bonne distance et prévenant les dockers de l'arrivée du navire. Des pavillons de tailles différentes
indiquent le nombre de passagers par groupes de 100, de 50 et de 25 ; sur un navire à deux mâts,
la première classe est signalée au mât de misaine et la seconde au mât principal. Introduit en 1896
pour remplacer le *Seaford*, ce navire a plusieurs caractéristiques qui le distinguent de ce dernier ;
sa cheminée est droite, le profil de sa poupe est différent, et la partie découverte du pont arrière
que l'on voit sur la photo, sera plus tard recouverte de plaques.

56 - *The* Sussex *berths at Dieppe, the* Paris III *is dressed overall. Could this be a maiden arrival ? The flags indicating the number of passengers were displayed so that when a vessel was within reach of the telescope range of the port lookout, the numbers indicated could be "read" and telephoned to the railway station master ; thus the required boat train could be assembled.*

56 - Le *Sussex* accoste à Dieppe, le *Paris III* est pavoisé ; serait-ce une traversée inaugurale ?
Lorsque le navire est à portée de télescope, le guetteur du port "lit" les pavillons indiquant le nombre de passagers et téléphone ce renseignement au chef de gare, pour lui permettre de prévoir la bonne repartition dans les wagons du train.

*57 - Some crew members, probably on* Sussex II. *The vessel was transferred to French operation in January 1914, owing to the introduction of* Paris IV *in 1913 - thus each side operated four passenger boats and the French, six cargo steamers. The heyday was to last until 3 August 1914. During the war, the Sussex was to be torpedoed. Top row, l. to r.: W. Goddard, B. Brown. Centre row, l. to r.: J. Mileham, Hill, G. Mock, J. Lelliott, J. Lower. Front row, l. to r.: H. Burke, Mrs Rudd, G. Dotterill, Mrs Minter, H. Read.*

57 - Des membres de l'équipage, probablement à bord du *Sussex III*. Ce navire sera transféré aux partenaires français, en janvier 1914, à la suite de l'arrivée du *Paris IV*, en 1913, ainsi Français et Anglais disposeront chacun de quatre navires de voyageurs et les Français, de six cargos. Cet âge d'or durera jusqu'au 3 août 1914 ; le *Sussex* sera torpillé pendant la guerre. Dernier rang de d. à g. : W. Goddard, B. Brown.
Centre de d. à g.: J. Mileham, Hill, G. Mock, J. Lower.
Premier rang de d. à g. : H. Burke, Mrs Rudd, G. Dotterill, Mrs Minter, H. Read.

*58 - On 24 March 1916, when on passage from Folkestone to Dieppe, about 80 passengers, many of them American and Spanish, were killed or injured, when the* Sussex *was torpedoed by UB-18. As illustrated her bow was blown off and sank. The casualty was beached in the outer harbour at Boulogne. This attack was in contravention of an agreement between the U.S. and Germany, after the sinking of the liner* Lusitania *on 7 May 1915, that passenger ships would not be sunk by U boats without warning being given and non-combatants allowed to take to the lifeboats. With the attack on the* Sussex, *America entered the First World War.*

58 - Le 24 mars 1916, sur la route de Folkestone à Dieppe, 80 passagers environ, dont de nombreux Américains et Espagnols, sont blessés ou tués lors du torpillage du *Sussex,* par le sous-marin allemand UB-18. Comme on le voit sur la photo, l'avant du navire est sectionné par l'explosion, et coule. L'épave est échouée dans le port extérieur de Boulogne-sur-Mer. Cette attaque viole le règlement entre les Etats-Unis et l'Allemagne interdisant aux sous-marins de couler les navires de voyageurs sans les avertir et sans porter secours aux non-combattants, (sous réserve qu'il n'y ait pas de résistance). La fin de l'histoire verra le torpillage du *Lusitania.*

*59 - The French* Manche *(1897-1913) approaches Dieppe, displaying her passenger number flags and pennants ; it would appear she had 275 first-class and 150 second-class passengers aboard. An improved* Tamise, *she made her maiden crossing in a fraction under 3 hours.* Tamise, *although sold before, was not scrapped until after World War I.* Manche *could be distinguished from her sisters by a large brass whistle on her forefunnel, slightly offset to port.*

59 - Le *Manche* (1897-1913), navire français, approche de Dieppe, battant pavillons et flammes pour indiquer le nombre de passagers ; il paraîtrait qu'il y ait 275 passagers de première classe et 150, de seconde classe à bord. Version améliorée du *Tamise,* il met un tout petit peu moins de trois heures pour faire sa traversée inaugurale. Il est vendu avant la Première Guerre mondiale, mais il ne sera envoyé à la casse, qu'après la guerre. La présence d'un grand sifflet en laiton sur sa cheminée avant, légèrement décentré à bâbord, le distingue de ses sister-ships.

60 - S.S Manche *creates an impressive sight as she hustles out of Dieppe. The extended boat deck aft,
as compared with* Seine, *is most clear, as are the extra ventilators. Electric lighting is also very prominent.
The stern ornamentation featured on the three sisters was continued with* France, *which came into
service in 1899.*

60 - Le SS *Manche*, appareillant rapidement de Dieppe ; spectacle impressionnant.
On voit bien son pont des embarcations en arrière, plus grand que celui du *Seine*,
ainsi que ses capuchons de ventilation supplémentaires. L'éclairage électrique, lui aussi, est très apparent.
Les motifs décoratifs de la poupe sont une des particularités des trois sister-ships ;
la tradition sera maintenue sur le *France,* qui prendra son service en 1899.

*61 - "Au Bassin Neuf" Dieppe, some time after 1902. Left is* Tamise, *in the centre* Seine, *and to the right,* Portsmouth *(1902-1935), of the regular cargo service. By this time,* Seine *was laid up awaiting a buyer, eventually going to Brest for scrapping in December 1905.*

61 - Photo de Dieppe datant d'après 1902, intitulée "Au Bassin Neuf" (bassin de Paris de nos jours).
A gauche le *Tamise*, au centre, le *Seine,* et à droite, le *Portsmouth,* (1902-1935), qui font partie du service
régulier des cargos. A cette époque le *Seine* est désarmé, dans l'attente d'un acheteur.
Il sera envoyé à la casse, à Brest, en décembre 1905.

62 - Belle perspective d'un navire inesthétique : le vapeur français SS *France* (1899-1922). Extension de la conception du *Seine*, sa silhouette est gâchée par des cheminées et des mâts verticaux. Il est lancé le 8 juin 1899 et prend son service à la fin d'août ; son temps de traversée est similaire à celui du *Manche*. Sur cette photo on le voit tel qu'il était au sortir du chantier. Il est ici à Dieppe, dans le bassin Bérigny.

*63 - Complete with crow's nest. Is* France *being mobilised for, or re-fitting after, her First World War service ? She was chartered to the Admiralty from 1915 to 1919 for troop transporting. In March 1900, nine stokers were killed in a boiler-room explosion. Her funnels appeared rather small, partly because of the air louvres at their base. These avoided the need for many of the deck cowl ventilators, but gave poor performance.*

63 - On ne sait, si on adapte le *France,* équipé d'un nid de pie, pour le service de guerre ou si on le réarme en vue de sa fonction initiale. Il devient navire transporteur, sous contrat d'affrètement, pour le ministère britannique de la Marine entre 1915 et 1919. En mars 1900, neuf chauffeurs sont tués par une explosion dans la chaufferie. Ses cheminées donnent l'impression d'être plutôt de petite taille, en partie, à cause des prises d'air qui se trouvent en contrebas. Ces dernières permettent de réduire le nombre de capuchons de ventilation du pont mais entraînent un fonctionnement limité.

*64 - France leaves Newhaven, probably just after her return to service in 1919. In 1905, her turtle-back foredeck had been joined up with her superstructure. The wheelhouse may have been a war-time addition. She was sold in November 1913 and became a cruising yacht between Cannes and Genoa. In 1914, she was bought back by her first owners and chartered for war service. She was sold in 1920 to new owners in Argentina.*

64 - Le *France* appareille de Newhaven, probablement immédiatement après avoir repris son service en 1919. Le bouclier de son gaillard d'avant a été réuni à sa superstructure en 1905. Sa timonerie a peut-être été rajoutée pendant la guerre. On le vend en novembre 1913 et il devient yacht de croisière entre Cannes et Gênes. En 1914, ses premiers propriétaires le rachètent et l'affrètent pour service de guerre. On le vend en 1920 à de nouveaux acquéreurs, en Argentine.

Photo Ambrose Greenway

*65 - "Dieppe Screws", Brest, Cherbourg, or Portsmouth leaves Newhaven on the regular cargo run in about 1913. At her stern is Newhaven III or Rouen IV with very tall funnels, as when new. Beyond is the France, which was sold in November of that year. The "screws" carried general cargo, including a lot of pantechnicons, which would be mostly transported by rail. In later years, many cars were carried. The vessel's wheelhouse would be repainted white after 1923.*

65 - Un cargo "Dieppe Screw" ("Hélice de Dieppe"), appareille de Newhaven pour effectuer sa traversée régulière. On est aux environs de 1913, c'est peut-être le *Brest*, le *Cherbourg* ou le *Portsmouth*. Derrière le cargo, il pourrait s'agir du *Newhaven III* ou du *Rouen IV*, avec des cheminées très hautes, telles qu'elles étaient à l'origine. A l'arrière-plan, on voit le *France*, vendu en novembre 1913. Les "screws" transportent n'importe quelle cargaison, y compris de nombreux fourgons de déménagement, normalement envoyés par chemin de fer.
Plus tard ils transporteront nombre de voitures. La timonerie sera repeinte en blanc, après 1923.

66 - S.S. Arundel *(1900-1934), here as built, and the last passenger steamer on this service using steam-reciprocating engines. She is moored at the North Quay, Newhaven, previously the "New Cut". Cranes and buildings are rather scarce ; her presence is probably just for "lay-by" reasons.*

66 - Sur cette photo, on voit le SS *Arundel* (1900-1934), tel qu'il était au sortir du chantier. C'est le dernier vapeur de la Ligne équipé de machines à vapeur, à mouvement alternatif. Il est amarré au quai Nord, l'ancien "New Cut", à Newhaven. Comme il y a peu de grues et d'immeubles à cet endroit, le navire a été probablement désarmé un moment.

66 a - *A view of the main quay at Dieppe between the two wars. Considerable activity is shown with 4 cargo steamers near right. The* Rouen *or* Newhaven *lies beyond with the* Arundel *arriving probably on a day excursion. The two chimneys belong to the tobacco factory.*

66 a - En la période d'entre-deux-guerres, tant à Newhaven qu'à Dieppe, une certaine activité règne sur la Ligne. En 1932 dans le port normand, l'*Arundel* va accoster bien que quatre cargos et un paquebot soient à quai. Les passagers sont nombreux dans les deux sens.

*67 - The pretty* Arundel *in "Sleepers Hole". This area was opened up at the turn of the century for the lay-by of the passenger steamers and to moor dredgers, etc. The berth looks very new, as does the steamer. A length of decking is exposed, aft. This was later plated in, the same applying to* Sussex II *and* Brighton IV.

67 - Le bel *Arundel* à "Sleepers Hole" (le "trou des dormeurs"). Cette aire a été aménagée en début de siècle pour recevoir des vapeurs désarmés et pour le mouillage des dragueurs, etc. Le poste d'amarrage a l'air tout neuf ; le navire aussi. On voit une partie découverte, du pont arrière ; plus tard, cette partie sera recouverte de plaques et on fera la même chose sur le *Sussex II* et le *Brighton IV*.

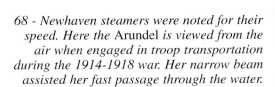

*68 - Newhaven steamers were noted for their speed. Here the* Arundel *is viewed from the air when engaged in troop transportation during the 1914-1918 war. Her narrow beam assisted her fast passage through the water.*

68 - Les vapeurs de Newhaven sont réputés pour leur rapidité. Cette vue aérienne de l'*Arundel* date de l'époque où il faisait office de transporteur pour des troupes, pendant la guerre de 1914-1918. Son étroitesse l'aide à fendre les flots à une grande vitesse.

68 a - *Who cares about the smoke ! Gordon Highlanders relax on the afterdeck of the* Arundel *as she speeds them on their way to England for their leave during the First World War.*

68 a - On s'en fiche de la fumée ! Des soldats en permission, du régiment Gordon Highlanders, se détendent sur le pont arrière de l'*Arundel* qui les ramène, à toute vitesse, en Angleterre pendant la Grande Guerre.

69 - *In the wheelhouse of the* Arundel, *Chief Officer Edward Balcombe, peers ahead and the helmsman keeps his eye on the compass.*

69 - Dans la timonerie de l'*Arundel*. L'officier Edward Balcombe, observe à l'avant pendant que le timonier surveille le compas.

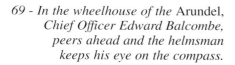

*69 a - In its wheel slings, a motor car is manoeuvred above one of the "screws" by an electric crane on
Newhaven's East Quay. Cars were frequently carried on the afterdeck of the passenger steamers,
but in this case, no wireless aerial leads from the foremast and although the tide appears
exceptionally low, the vessel must also be comparatively small ; so a "screw", 1930s.*

69 a - *S*uspendue dans ses élingues, une voiture est placée au-dessus d'un des cargos à l'aide d'une grue
électrique, au quai Est de Newhaven. Les voitures sont souvent transportées sur le pont arrière des navires de
voyageurs, mais sur cette photo, des années 1930, on ne voit pas d'antenne de T.S F.
au mât de misaine et, bien que la marée soit apparemment exceptionnellement basse,
le navire doit quand même être relativement petit ; c'est donc un cargo.

*70 - The grand old lady makes her
last crossing in 1934. She had quite
an uneventful life, the main
exception being her collision with
the collier* Tamworth *anchored
outside the harbour. This incidcnt
occurred on 24 February 1929, in
dense fog. Both vessels were
damaged, the* Arundel *the less
seriously. Latterly, she was used
mostly in the summer season for
cheap day excursions to Dieppe (via
Brighton Palace Pier outwardly
only). She was sold to Germany for
scrapping.*

70 - L'*Arundel,* le patriarche
de la Ligne, fait sa dernière traversée
en 1934. Sa carrière est peu
mouvementée, à l'exception d'une
collision avec le charbonnier *Tamworth*, mouillé à l'extérieur du port. Cet incident a lieu
le 24 février 1929 par temps de brume très épaisse. Les deux navires subissent des avaries,
celles de l'*Arundel* étant les moins graves. Plus tard, il fait office de bateau d'excursion pour les allers-retours
à Dieppe, d'une journée à prix réduit (en passant par la digue de Brighton, uniquement à l'aller).
Il est vendu et mis à la casse en Allemagne.

71 - *Here the sprightly* Brighton IV *dances over the waves during her 1903 trials. It was intended
that she would be named* Chichester, *but the result was not agreeable when spoken in the French tongue ! !
The forward-thinking Brighton Railway had placed the order for her, and she could have been
the first turbine-driven cross-Channel steamer. A fire at Denny's Dumbarton yard delayed delivery
of the Newhaven boat, the honour going to the* Queen, *for the South Eastern and Chatham Railway,
William Denny Bros also being the builder.*

71 - Sur cette photo, le fringant *Brighton IV* danse sur les flots lors de ses essais en 1903.
On avait l'intention de le baptiser *Chichester*, mais on décide que la prononciation à la française de ce nom,
est peu agréable ! Il est commandé par la compagnie de chemins de fer Brighton Railways, toujours ouverte
sur des possibilités d'avenir. Il a failli être le premier vapeur trans-Manche à turbine, mais sa livraison
est retardée suite à un incendie au chantier naval de Denny à Dumbarton ; cet honneur est revendiqué
pour le *Queen*, construit pour la société de chemins de fer "South Eastern and Chatham Railway".
William Denny Bros est également le constructeur de ce navire.

72 - *One of the Company's
cards advertising the joint
services vessels. This view
from the corner of the east
pier was frequently used for
official photographs. By
now, the exposed area, aft,
has been plated in and
although the boat deck
appears to have been
extended, the second pair
of boats has yet to arrive.
Comparison tests between*
Brighton *and* Arundel
*helped Cunard decide
on turbines for* Mauritania
*and* Lusitania.

72 - Cette vue du *Brighton* est prise du coin de la jetée Est, position souvent exploitée pour les photos
officielles. La partie découverte de son pont arrière a été protégée par des plaques et le pont des
embarcations, semble agrandi, bien que les deux chaloupes supplémentaires ne soient pas encore livrées.
Les essais comparatifs entre le *Brighton* et l'*Arundel* contribuent à la décision de la compagnie "Cunard",
de choisir des machines à turbine pour le *Mauritania* et le *Lusitania*.

*73 -Brighton IV had many experiences in her career. The one illustrated here was certainly her worst. Her forefunnel and mainmast were down and there was much deck damage. Mist patches and perhaps the under-estimating of her opponent's speed were the main causes of a dramatic collision in 1910. Of interest in this picture is the steamer beyond, either* Normandy III *or* Brittany II. *These two cargo steamers were used in an attempt to revive the Caen service. They were sold in 1912.*

73 - Le *Brighton IV* connaît de nombreux incidents au cours de sa carrière ; ce que l'on voit sur cette photo est de loin le plus grave. Sa cheminée avant et son mât principal sont abattus et il y a des avaries importantes sur le pont. Des nappes de brume, et peut-être la sous-estimation de la vitesse de l'autre navire, sont à l'origine d'une collision dramatique en 1910. La présence d'un vapeur à l'arrière plan de cette photo, est intéressante ; il s'agit du *Normandy III* ou du *Brittany III*, deux cargos qui contribuent à une tentative de relance du service Newhaven-Caen. Ils seront vendus en 1912.

*74 -In the early hours of 6 November 1910, the* Brighton *found the steel bow-sprit of the world's largest full-rigged sailing ship, entangling her superstructure. It must have been a most frightening moment for Captain Hemmings and all on board. The 5,000 tonne steel* Preussen, *with her five masts, all carrying square sails, was too much for the local tug to control : with her fore-top-mast missing, she headed for an anchorage at Dover, grounded on rocks and broke her back. The consequent inquiry found against the* Brighton's *Master who was denied his "ticket" and later sadly took his own life.*

74 - Aux premières heures du 6 novembre 1910, la superstructure du *Brighton* se trouve empalée sur le mât de beaupré en acier, du plus grand navire à voiles du monde entier. Le capitaine Hemmings et tous les gens à bord, ont dû avoir une peur bleue. Le *Preussen*, navire gréé, carré en acier à cinq mâts, jaugeant 5.000 tonneaux, est trop gros pour le remorqueur local : dépourvu de la flèche de son mât de misaine, il se dirige sur un mouillage à Douvres, mais il est drossé sur les brisants et il se disloque. L'enquête qui en résulte se prononce contre le capitaine du *Brighton* ; son brevet lui est retiré et plus tard, malheureusement, il se suicide.

*The* Preussen *before and after the collision of 6 November 1910.*

Le *Preussen* avant et après l'abordage du 6 novembre 1910.

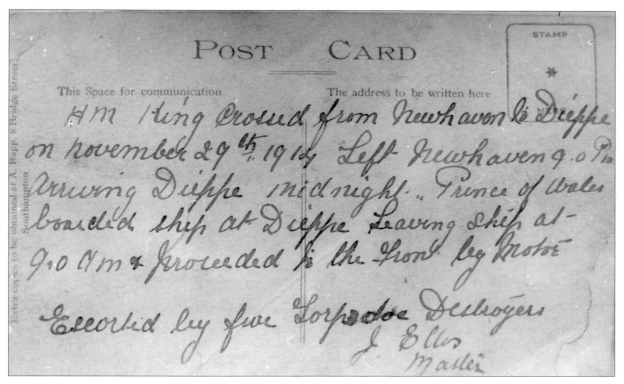

*75 - James Ellis, Captain of* Brighton IV *during the First World War, recorded these interesting details of 29 November 1914 on the reverse of a postcard of his ship. George V is the King referred to and the Prince of Wales was later to abdicate the throne in favour of a life with Mrs Wallis Simpson, who became Duchess of Windsor.*

75 - James Ellis, capitaine du *Brighton IV* pendant la guerre de 1914-1918, a noté ces 9 détails intéressants, le 29 novembre 1914, au verso d'une carte postale représentant son navire. Le "King" qu'il mentionne est le roi George V, et le "Prince of Wales" est le futur roi Edward VIII, lequel abdiquera la couronne en faveur d'une vie avec Mrs Wallis Simpson, qui deviendra la Duchesse de Windsor.

*76 - In her guise as a Hospital Carrier, the* Brighton *could almost be described as dainty. In this First World War picture she clearly displays the additional two lifeboats.*

76 - Sous son aspect de navire hôpital, on pourrait presque qualifier le *Brighton* d'élégance et de légèreté. Sur cette photo de la guerre de 1914-1918, on voit distinctement ses deux chaloupes supplémentaires.

*77 - Soon after the end of the First World War,* Brighton *had the distinction of bringing U.S. President Woodrow Wilson to Dover, after his visit to France to inspect American forces and attend the Peace Conference in Versailles. The figure on the bridge, to the left of the foremast, wearing a top hat, looks remarkably like the President. Three movie cameras are visible.*

77 - Peu de temps après la guerre de 1914-1918, le *Brighton* a le privilège de transporter Woodrow Wilson, le Président des Etats-Unis, à Douvres, après sa visite en France pour inspecter les troupes américaines et pour assister à la conférence de paix à Versailles. Le personnage que l'on voit sur la passerelle à gauche du mât de misaine, en chapeau de haut de forme, pourrait bien être le président. Trois caméras sont visibles.

*77 a - British Prime Minister Lloyd George leaving* Brighton IV *on return from peace negotiations at Versailles.*

77 a - Le Premier Ministre anglais Lloyd George débarquant du *Brighton IV,* à son retour des négociations de paix à Versailles

78 - Brighton IV *arrives at Dieppe after a rough and freezing night crossing, 11-12 February 1929, in a south-easterly gale. On quay, left to right : Captain B. Shaw, Chief Officer T. Mahoney, 2nd Officer H. Smith. On deck : H. Witten, Miss Cooper, Z. Bulman, A. Harvey. From the mid 1890s, Newhaven retained the "Royal Mail Route" right into the Southern Railway era. This photograph shows how seriously taken was "The Mail must get through".*

78 - Le *Brighton IV* entre dans le port de Dieppe, au cours de la nuit du 11 au 12 février 1929, après une traversée agitée et glaciale, par fort coup de vent Sud-Est. Sur le quai, de gauche à droite : le capitaine B. Shaw, le maître T. Mahoney, le commandant en second H. Smith. Sur le pont : H. Witten, Mlle Cooper, Z. Bulman, A. Harvey. La Ligne de Newhaven est le service officiel du Royal Mail, des années 1890 jusqu'à l'époque de la compagnie "Southern Railways". Cette photo montre bien que transporter le courrier, coûte que coûte, est une responsabilité prise très au sérieux.

79 - *The severity of the punishment taken by the* Brighton *is clearly shown in this view of her navigation bridge. Apart from mostly keeping the route solvent during the less popular winter days, a little glamour resulted. R.M.S. could precede the ship's name and also the Royal pennant could be flown from the masthead. The "screws" carried a lot of parcel mail. The day passenger service carried a dozen or so bags of local mail, but the night boat handled an average of 600 bags of London-Paris mail per trip.*

79 - Sur cette photo, de sa passerelle de commandement, il est clair que le *Brighton* en a vu de dures au cours de sa traversée. Le transport du courrier aide à assurer la rentabilité de la ligne pendant l'hiver, mais apporte aussi un peu de prestige. Les navires ont le droit de rajouter le titre "RMS" devant leur nom, et d'arborer la flamme du Royal Mail, en tête de mât. Les cargos "screw" transportent de nombreux colis. Le service de jour des voyageurs transporte une douzaine de sacs de courrier local, mais le service de nuit prend en charge environ 600 sacs de courrier Londres-Paris, sur chaque traversée.

*79 a - Brighton IV on 12 February 1929.*

*79 a - Brighton IV le 12 février 1929.*

*80 - Not many pictures were taken from this angle. Here, we see Brighton IV leaving Newhaven in Southern
Railway days. An almost identical twin with Arundel, Brighton's gross tonnage was increased by 62 tonnes
by virtue of an additional two feet in length and about a foot in draught. To compensate for her lighter
engines, she needed a considerable amount of concrete ballast. Her speed was greater by 1.25 knots with
a 10% saving in fuel. East face of Newhaven fort.*

80 - Il existe peu de photos prises sous cet angle ; sur celle-ci, on voit le *Brighton IV* qui appareille
de Newhaven pendant l'époque de la compagnie "Southern Railways". Presque identique à l'*Arundel*,
le *Brighton* jauge 62 tonneaux supplémentaires avec 0,6 m de plus sur sa longueur et 0,3 m de plus,
de tirant d'eau. Pour compenser la légèreté de ses machines, il a besoin d'être plus lourdement lesté en béton.
Il est plus rapide de 1,5 nœuds et consomme 10% en moins, de charbon.
On remarque le fort de Newhaven, façade Est.

81 - Brighton IV, *left, alongside* Arundel, *in the "Sleepers Hole,' lay-by berth, c. 1930. To tell them apart was not easy, but two differences can be noted from this picture. As new, she is shown with the Red Ensign flying from a jackstaff, aft, and also as a Hospital carrier in the First World War ; but by photograph 77, arriving at Dover, the flag is flying from a gaff. Mainmasts were black from the truck, down to the stay collar, then varnished wood to the deck. A white stripe was painted up the back surface, which as can be seen, was higher on* Brighton.

81 - Le *Brighton IV*, à gauche, en couple avec l'*Arundel*, au poste d'amarrage de "Sleepers Hole", vers 1930. Il est difficile de les distinguer l'un de l'autre, mais on peut remarquer deux différences sur cette photo. Sur le *Brighton* neuf, on voit que le "Red Ensign", pavillon rouge de la marine marchande, se déploie sur un mât à l'arrière, de même que pendant son service comme navire-hôpital lors de la guerre de 1914-1918. Sur la photo n° 77 prise à Douvres, on voit, cependant, que le pavillon se déploie d'une vergue. Les mâts principaux sont peints en noir entre la tête et l'étai, et vernis, entre l'étai et le pont. Une raie blanche est peinte sur l'arrière du mât ; on peut voir que cette raie est plus haute sur le *Brighton*.

82 - *Poster of the Company "The new Norman Conquest".*

82 - Affiche de la compagnie vers 1093 : "La nouvelle conquête normande".

Photo Ambrose Greenway

83 - Brighton IV *was sold in 1930 and converted by Messrs. Thornycroft into the luxury yacht* Roussalka *(Warsprite in Slav) for Sir Walter Guinness, (later Lord Moyne). She was converted to oil-burning, and given extra oil tanks, cruising as far as British Columbia. Later, diesel engines were installed, reducing her speed to 15 knots. The photograph illustrates the deck re-arrangement. At the time of the engine change, the fore funnel was removed and the other appears shortened. She foundered in fog off Galway in August 1933, when she struck rocks.*

83 - Le *Brighton IV* est vendu en 1930 et transformé en yacht de luxe par le constructeur Thornycroft, pour Sir Walter Guinness (qui deviendra Lord Moyne) ; le navire est rebaptisé *Roussalka* ("Naïade", en langue slave). Ses machines sont transformées pour fonctionner au mazout, des soutes supplémentaires à mazout sont rajoutées, et il croise jusqu'à la Colombie britannique. Plus tard, on installe des machines diesel qui limitent sa vitesse à 15 nœuds. Sur cette photo, on voit la nouvelle disposition de ces ponts ; lors du changement des machines, on a enlevé la cheminée avant, et la hauteur de l'autre semble réduite. Au large de Galway en août 1933, par temps de brume, il va donner sur les écueils et il chavire.

84 - *The Brighton Company took a break from Denny's when ordering* Dieppe IV *of 1905. This steamer of 1,216 gross tonnage was launched at the Fairfield Company's Yard, on 6 April of that year. She always had a "down by the head" appearance perhaps emphasised by the large spirket plate forward. The occasion may be her maiden service crossing ; the flags certainly do not denote the number of passengers !*

84 - La compagnie de Brighton, pour changer un peu, décide de commander le *Dieppe IV* de 1905, chez un constructeur autre que Denny. Ce vapeur, qui jauge brut 1.216 tonneaux, est donc lancé au chantier de Fairfield, le 6 avril. Il donne toujours l'impression d'avoir l'avant un peu surbaissé, un effet qui est peut-être accentué par son grand pavois avant. Cette photo pourrait bien représenter sa première traversée ; il est certain que les pavillons n'indiquent pas le nombre de passagers !

85 - *The* Dieppe *as Hospital carrier no 62, during the 1914-1918 war. Lifeboat drill is in progress, the port not known. When new, the* Dieppe *had four boats on the boat deck only, two being added later. Her masts seem to have been changed, possibly at the time she was fitted for radio, as they appear taller in later pictures, such as this one.*

85 - Le *Dieppe*, en tant que navire-hôpital n° 62, pendant la guerre de 1914-1918. Des manœuvres avec les chaloupes se déroulent dans un port non identifié. A la livraison, le *Dieppe* portait seulement quatre chaloupes sur son pont des embarcations ; deux chaloupes supplémentaires sont rajoutées, ultérieurement. On a apparemment modifié ses mâts, peut-être lors de l'installation de la radiotélégraphie. Sur les photos plus récentes, telles que celle-ci, les mâts sont plus hauts.

86 - *A dining salon on the* Dieppe. *Much starched linen and generous silver-plated serving-ware adorn the scene. In the Newhaven Museum is a slightly earlier dining chair, which would likewise be secured to the deck. It not only swivels, but by means of an incorporated eccentric mechanism, it brings the passenger away from the table. Into the centre-back of the wooden chair, in interwoven design, are carved the letters N.D.S. (Newhaven-Dieppe service)*

86 - Un des salons-restaurants sur le *Dieppe*. L'intérieur est orné de beaucoup de linge de table amidonné et d'argenterie. Le musée de Newhaven possède un fauteuil de restaurant un peu plus ancien, également conçu pour être fixé au pont. Il est non seulement pivotant mais comprend en outre un mécanisme excentrique qui permet au dîneur de s'éloigner de la table. Sculptées dans le dossier de la chaise en bois, on voit, en motif entrelacé, les lettres N.D.S. (Newhaven-Dieppe Service).

87 - Dieppe *was caught in the bight of Newhaven Breakwater at 3.30a.m. on 27 November 1924 in a south-westerly gale. The small harbour tug,* Richmere, *fouled the tow hawser she was tying to pass between the* Dieppe *and the larger tug* Alert. Richmere *was smashed against the promenade concrete steps. The local lifeboat was damaged rescuing the tug crew; both vessels survived. The* Dieppe *made harbour at 8.10a.m. She was sold in September 1933 to Lord Moyne, and became the luxury diesel yacht* Rosaura *(here). She was mined on war service in the Mediterranean in March 1941.*

87 - A 3 heures 30, le 27 novembre 1924, par un fort coup de vent Sud-Ouest, le *Dieppe* est bloqué dans l'anse du brise-lames, à Newhaven. Le petit remorqueur *Richmere* s'enchevêtre dans la remorque qu'il essaie de passer entre le *Dieppe* et le grand remorqueur *Alert*. Le *Richmere* heurte de plein fouet l'escalier en béton de la promenade Le canot de "sauvegarde" local subit des avaries pendant le sauvetage de l'équipage du remorqueur, mais les deux bateaux réchappent de l'incident. Le *Dieppe* arrive au port à 8 heures 10. En septembre 1933, on le vend à Lord Moyne, qui le fait transformer en un yacht diesel de luxe, le *Rosaura*, que l'on voit sur cette photo. En service de guerre sur la Méditerranée, il saute sur une mine, en mars 1941.

88 - S.S. Maine *was the second-built of a much-improved style of cargo steamer ("Dieppe Screw") for the service.* Anjou *had preceded her, both coming into service in 1910.* Maine *was lost as a transport ship on war service out of Newhaven in 1917.* Anjou *as a minesweeper was lost on 17 June 1917.* Bordeaux *of 1912 lasted until 1949, spending much of her last war service supplying the Channel Islands from the mainland.*

88 - Le SS *Maine* est le second des cargos "Dieppe Screw", d'un style beaucoup amélioré. L'*Anjou* est le premier ; tous les deux prennent leur service en 1910. Le *Maine* est porté disparu en 1917, alors qu'il effectue son service de guerre comme navire de transport basé à Newhaven. L'*Anjou*, faisant office de dragueur de mines, est porté disparu le 17 juin 1917. Le *Bordeaux*, de 1912, continue jusqu'en 1949 ; il passe la plupart de son service, pendant la Seconde Guerre mondiale, comme ravitailleur entre l'Angleterre et les îles anglo-norrnandes.

*88 a - S.S.* Rennes, *replacement for the* Maine *and* Anjou, *partnered the* Bordeaux *until Dunkirk in 1940. Here on 2 June 1927, arriving early in the morning in thick fog, the* Rennes *has climbed the West Bank at Newhaven Harbour. She was refloated on the rising tide.*

88 a - S.S. *Rennes,* remplacement pour le *Maine* et *Anjou,* était le partenaire du *Bordeaux* jusqu'à "Dunkerque" en 1940. Sur cette vue, le 2 juin 1927, étant arrivé le matin par brouillard épais, le *Renne*s est monté sur la rive Ouest du port de Newhaven. Il fut renfloué à marée haute.

*89 - First World War duties over, the French* Newhaven III *(1911-1945) disgorges her passengers into the Paris and Rouen boat-trains. Her funnels have been shortened and a bridge and wheelhouse added. A picture full of steam atmosphere.*

89 - Son service, pendant la guerre de 1914-1918, est maintenant terminé et le navire français *Newhaven III,* (1911-1945), déverse les passagers dans les trains, vers Rouen et Paris.
On a réduit la hauteur de ses cheminées et rajouté une timonerie.
Une image d'atmosphère chargée de vapeur et de fumées.

90 - *The French partners introduced their first turbine-steamer to the route with the* Newhaven III *shown here alongside the East Quay at Newhaven. Of 1,546 gross tonnage, the* Newhaven *could easily maintain 2 knots above her contract 21.75. She and her sister-to-follow,* Rouen, *were the last passenger vessels on the crossing with counter sterns.*

90 - Le *Newhaven III* est le premier vapeur des partenaires français à être doté de machines à turbine. On le voit sur cette photo, le long du bord du quai Est, de Newhaven. Le *Newhaven* jauge 1.546 tonneaux brut, et il peut facilement assurer une vitesse de 2 nœuds, supérieure à celle de 21,75 nœuds qui était prévue aux termes de son contrat. Le *Newhaven* et le *Rouen,* son sister-ship de 1912, sont les derniers navires de voyageurs sur la Ligne qui ont la poupe en saillie.

91 - *The previous photograph showed* Newhaven *as built. Here her funnels have been shortened and she has been transformed into a very impressive hospital carrier for First World War service under the British flag. At some period before the First World War, Ho Chi Min, the Vietnamese leader, was a pantry boy on the service, most probably with a Dieppe vessel, in view of the French Indo-China connection.*

91 - Sur la photo précédente, on voit le *Newhaven* tel qu'il était lors de sa mise à l'eau ; sur celle-ci on a réduit la hauteur de ses cheminées et on l'a transformé en navire hôpital pour servir pendant la Première Guerre mondiale. Il bat pavillon britannique. Pendant une période précédant la Première Guerre mondiale, Ho Chi Minh, le futur leader vietnamien, travaille sur la Ligne comme garçon de cuisine, vu les liens entre la France et l'Indochine, probablement sur un navire de Dieppe.

*91 a - S.S. Newhaven III arriving at Dover with Italian soldiers on their way to participate in the London peace celebrations after World War I*

91 a - S.S. *Newhaven III* arrivant à Douvres avec des soldats italiens en route pour Londres pour participer aux Fêtes de la Paix après la Première Guerre mondiale.

*92 - Some time between 1920-1923,* Newhaven *takes on passengers at the Sussex port's East Quay. Lost to view on the foremast would be the "Blue Peter" topped by the Red Ensign. At the top of the mainmast can be seen the house flag. The French national flag would be flown from a jack staff at her stern, replaced later on by a gaff positioned on her mainmast.*

92 - Sur cette photo, prise entre 1920-1923, le *Newhaven* embarque des passagers au quai Est du port anglais. Ils ne sont pas visibles, mais le pavillon bleu de partance et le "Red Ensign", pavillon rouge de la marine marchande, se déploient du mât de misaine. En haut du mât principal, on voit le pavillon de la compagnie. Le pavillon tricolore doit se déployer d'un mât, à l'arrière du navire ; plus tard, il sera replacé sur une vergue attachée au mât principal.

93 - Newhaven *at rest beneath the cliffs of Berneval, four miles to the east of Dieppe. On 5 August 1924, she went aground in dense fog : 125 passengers were disembarked. After nine days, she was floated off. The damage caused by this accident kept the steamer out of service for a further 56 days.*

93 - Le *Newhaven* immobilisé sous les falaises de Berneval, à quatre milles à l'Est de Dieppe. Le 5 août 1924, il s'échoue dans des conditions de brume très épaisse : 125 passagers sont débarqués. Neuf jours plus tard, on le remet à flot. Les suites de cet accident empêchent le steamer de reprendre du service, pendant 56 jours.

94 - *Some people's misfortunes frequently provide entertainment for others. The mishap to the* Newhaven *was no exception.*

94 - Le malheur des uns fait souvent le bonheur des autres. La mésaventure du *Newhaven* ne fait pas exception à cette règle.

*94 a - Preparing to refloat the* Newhaven III. *Later she was returned to service.*

94 a - Préparations pour remettre à flot le *Newhavn III*. Il sera remis en service par la suite.

*95 - This boisterous picture, probably of the* Newhaven *leaving the English coast, conjures up exciting thoughts of a continental holiday. The date is about 1930, for the vessel is half way through yet another change. Her promenade deck has been plated in and given windows. Extra life floats have been positioned on the after deck.*

95 - Cette image exubérante du *Newhaven* qui laisse la côte anglaise, évoque pour les Britanniques, de passionnants souvenirs de vacances, en Europe. Elle date de 1930 environ, car le navire subit encore une autre modification. Des plaques ainsi que des vitres ont été rajoutées au pont promenade. De nouveaux radeaux de sauvetage ont été installés sur l'arrière-pont.

96 - Oil-burning, single funnel, the completed conversion ! This photograph of 1936 shows the Newhaven in the night berth. From here, early in December, on the night service, she was to convey the American Mrs. Wallis Simpson secretly to Dieppe. Soon afterwards, King Edward VIII abdicated, leaving his kingdom by destroyer from Dover.

96 - Propulsé par des machines à mazout, doté d'une seule cheminée, l'agencement du *Newhaven* est terminé ! Sur cette photo de 1936, ce navire est à Newhaven, au poste d'amarrage de nuit. C'est de là, qu'au début de décembre, étant en service de nuit, il transporte l'Américaine Mrs Wallis Simpson, à Dieppe, en cachette. Peu de temps après, le roi Edward VIII abdique et quitte son royaume, transporté de Douvres, à bord d'un contre-torpilleur.

97 - Newhaven III *as an armed scout at Rotterdam in 1940. She was on stand-by to evacuate the French Ambassador should the need arise. It did - with a vengeance. The* Newhaven *did much gallant work before, during and after the Dunkirk evacuation. The Ambassador's belongings were on their way to shore at Cherbourg in a barge, when it was bombed and sunk ! Under the terms of the armistice, the* Newhaven, Rouen *and* Versailles *were taken over by the Germans.* Newhaven *became* Skorpion.

97 - Le *Newhaven III*, navire militaire de reconnaissance à Rotterdam, en 1940. Il se tient prêt à évacuer l'ambassadeur de France si le besoin s'en fait sentir… Mais le besoin s'en fait sentir pour de bon. Le *Newhaven* fait des actions d'éclat avant, pendant et après l'évacuation de Dunkerque. La péniche qui débarque les effets personnels de l'ambassadeur à Cherbourg, est bombardée et coulée. Sous les termes de l'armistice, le *Newhaven*, le *Rouen* et *Versailles* sont repris par les Allemands. Le *Newhaven* devient le *Skorpion*.

98 - *A twin to* Newhaven III *was* Rouen V *of 1912. Initially very tall funnels, these were shortened by the time this picture was taken at Cherbourg. Serving as a French naval scout* Rouen *was torpedoed off the Britanny coast on 28 December 1916, with three Dieppe seamen being killed. She was abandoned, but failing to sink was towed to port, serving later as a seaplane carrier and a troopship.*

98 - Le *Rouen V*, de 1912, est le jumeau du *Newhaven III*. Il fut réquisitionné comme croiseur auxiliaire de la Marine Nationale, dès le début de la guerre de 1914-1918. A l'origine, il était équipé de cheminées très hautes, mais celles-ci ont été réduites avant cette photo prise à Cherbourg, en cale sèche, après son torpillage au large, le jeudi 28 décembre 1916. Il était abandonné de l'équipage quand il fut rencontré flottant, par le remorqueur *Centaure*, qui le ramena au port où des travaux provisoires allaient lui permettre de gagner le port de Dieppe, le dimanche 31 décembre. Quelque temps après, le *Rouen* entrait en cale sèche pour sa remise en état. Parmi l'équipage, le matelot dieppois, Louis Auvray, trouva la mort. Le corps du marin dieppois, ramené à Dieppe par le *Rouen* remorqué, eut des obsèques solennelles et militaires, en l'église Notre-Dame des Grèves, au Pollet, le jeudi 4 janvier 1917. Ce navire deviendra plus tard un porte-avions et porte-hydravions, puis un navire de transport.

99 - *S.S.* Rouen *makes a splendid sight as she leaves Newhaven in the late 1920s. By now, the extra bridge and wheelhouse have been added. During the winter of 1929-1930, her promenade deck was plated in and windows fitted (as with* Newhaven III*). In 1932, she was converted to oilburning and given a large single oval funnel,* Newhaven *receiving the same treatment in the autumn of 1933.*

99 - Le *Rouen* donne un beau spectacle en appareillant du port de Newhaven vers la fin des années 1920. Sa nouvelle passerelle et sa timonerie sont maintenant installées. Pendant l'hiver de 1929-1930, des plaques et des vitres seront rajoutées au pont promenade (comme pour le *Newhaven III*).
En 1932, il sera converti pour permettre la propulsion par des machines à mazout, et sera doté d'une seule grande cheminée ovale ; le *Newhaven* sera équipé de la même façon, en automne 1933.

Photo Austin Williamson

*99 a - S.S.* Rouen V *leaving Newhaven in 1933 with* Paris IV *at rear.*

99 a - S.S. *Rouen V* quittant Newhaven en 1933 avec le *Paris IV* à l'arrière plan.

*100 - S.S.* Rouen V *- the afternoon boat - aground in the bight of Newhaven breakwater on 8 July 1938.*
*Here, the big tug is the* Foremost 22, *which has her tow connected. When built,* Rouen *was equipped with a*
*foresail to offset surges to her stern, but by now, it had been discarded ! Photo: Harold Sparshott.*

100 - Le *Rouen V* - le bateau de l'après-midi, - échoué à l'anse de la digue de Newhaven, le 8 juillet 1938.
Le grand remorqueur est le *Foremost 22* ; son câble de remorquage est relié au navire.
A l'origine, le *Rouen* était équipé d'une voile de misaine pour contrebalancer la houle à l'arrière,
mais à cette époque, elle a déjà été supprimée !

*101 - When approaching Newhaven harbour in a south-westerly gale, a considerable surge can occur, forcing the stern to starboard ; the quick release of a foresail could counteract this, as with a bowthruster today. Tides and depths of water can also have a considerable effect. Despite the drama,* Rouen *was only delayed by 45 minutes in reaching her berth : in this picture, the little tug* Richmere *redeems her misfortune of 1927 (picture 87) and leads the procession into port.*

101 - Quand on s'approche du port de Newhaven par coup de vent de Sud-Ouest, il peut y avoir une houle considérable qui force l'arrière du navire, à tribord. Le déploiement rapide d'une misaine pouvait contrebalancer cet effet, comme le font les propulseurs d'étrave d'un navire moderne. La marée et la profondeur d'eau, peuvent également jouer considérablement. Malgré le drame, l'accostage du *Rouen* a lieu avec seulement 45 minutes de retard. Sur cette photo, le petit remorqueur *Richmere* rachète son erreur de 1924 (voir n° 87) et il est en tête du défilé qui entre dans le port.

*102 -* Rouen *takes centre stage as she enters Newhaven in the mid-1930s. In those days, the harbour was approached at considerable speed, resulting in bathers at Seaford, three miles away, getting some rollers to dive into. The lighthouses are far left, the east pier ; near left, the west pier ; and far right, the breakwater. In the distance, left, is Seaford with its headland.*

102 - Sur cette photo des années 1930, le *Rouen* occupe le devant de la scène en entrant dans le port de Newhaven. A cette époque, on approchait du port à une vitesse considérable, ce qui créait des lames de houle pour la distraction des baigneurs de la plage de Seaford, à une distance de cinq kilomètres. Les phares et la jetée Est sont à l'extrême gauche de l'image ; la jetée Ouest est plus près du centre ; le brise-lames est à l'extrême droite. Au loin, on devine Seaford et son promontoire.

103 - Une scène du début des années 1930, à Dieppe. Le *Rouen* attend sa prochaine traversée. En temps ordinaire, quatre vapeurs assurent le service, (nuit et jour). Chacun fait une traversée toutes les 24 heures. Le navire de 11 heures 45 est de retour à 16 heures 30, le lendemain. L'équipage est censé fournir sa propre nourriture pendant cette absence. Le navire de 16 heures 30 repart à 11 heures 45, le lendemain. A l'arrière-plan, on voit les cargos *Rennes* et *Bordeaux*.

*104 - The* Rouen *swings at buoys at Dieppe Harbour in the 1930's, this was a method of overcoming quayside congestion. Prior to 1935, there could be six passenger steamers and four "screws" to accommodate between the two ports.* Rouen *had a square fronted wheel house and a white steel plate either side of the aft end of the boat deck. The* Newhaven *had a rounded front to her wheelhouse. The vessel, right, is the* Paris IV *which appears to be swinging at the Gare Maritime in preparation for a later departure.*

104 - Le *Rouen* se balançant à sa bouée dans le port de Dieppe, dans les années 1930. C'était un moyen de résoudre le problème d'encombrement sur les quais. Avant 1935, il fallait trouver la place pour six navires de voyageurs et quatre cargos dans les deux ports. Le devant de la timonerie du *Rouen* était carré et le navire avait une plaque en acier blanche de chaque côté, à l'arrière du pont d'embarcation. Le devant du *Newhaven* était arrondi. Le navire à droite est le *Paris IV,* il semble être en train de tourner devant la gare maritime en préparation pour son prochain départ.

*104 a - S.S.* Rouen V, *in dazzle dress for daylight sailing, occupies the old night berth at Newhaven. The* Versailles, *in black and grey, maintained the night crossing. This ceased with both ships being engaged in the Dunkirk evacuation. Hospital Carrier 28 is the* Dinard.

104 a - S.S. *Rouen V* en habit resplendissant pour sa traversée matinale, occupe un vieux poste d'amarrage de nuit à Newhaven. Le *Versailles*, en noir et gris, normalement faisait le service de nuit. Ce va et vient cessa lorsque les deux navires furent engagés dans l'évacuation de Dunkerque. Le navire-hôpital est le *Dinard*.

Photo Ambrose Greenway

*105 - A parting view of the* Rouen, *in the Kiel Canal on war service for the Germans. Firstly, she was the auxiliary cruiser* Natter *in 1941, becoming the experimental ship* Wullenwever. *Her funnel extension is interesting : she was damaged by a mine on 25 April 1943. Both she and* Newhaven *were recovered from Kiel at the end of the war. In 1949,* Rouen *was scrapped in Dieppe and* Newhaven *at Ghent.*

105 - Une vue du départ du *Rouen*, (devenu navire militaire allemand), dans le canal de Kiel. Le *Rouen* devient d'abord le croiseur auxiliaire *Natte*, en 1941, puis le navire expérimental, *Wullenwever*. Le prolongement de sa cheminée est intéressant. Une mine l'endommage le 25 avril 1943. Le *Rouen* et le *Newhaven* seront tous les deux récupérés à Kiel, en Allemagne, à la fin de la guerre. En 1949, ils seront envoyés à la casse ; le *Rouen* à Dieppe et le *Newhaven* à Gand.

106 - La ville et le port de Dieppe, en 1913 ou 1914. Cette date est suggérée par la présence, à l'extrême droite du pont intérieur, de ce qui doit être ou le *Rouen* ou le *Newhaven*. Le navire est sans cheminée. Cela pourrait coïncider avec le raccourcissement des cheminées de ces deux navires pendant le court intervalle, entre leur construction et la guerre de 1914-1918, période où les cheminées seront visiblement plus courtes.

*107 - Air view of Newhaven Harbour, c. 1932. At the lay-by berth (near) in "Sleepers Hole", are the* Arundel, *with the* Dieppe IV *alongside. A few yachts and the self-propelled bucket dredger* Newey *complete the occupation of "Sleepers Hole" (later to be developed in the 1960s into today's marina). At the East Quay night berth is the* Worthing *(left), the day boat,* Rouen *is just leaving and the* Paris IV *may be "in between" cheap day excursions.*

107 - Vue aérienne du port de Newhaven, vers 1932. Au poste d'amarrage (au premier plan), de "Sleepers Hole", se trouve l'*Arundel*, avec le *Dieppe* en couple. Quelques yachts et le dragueur à godets autopropulsés, *Newey*, occupent également "Sleepers Hole", qui sera transformé en port de plaisance dans les années 1960. Le *Worthing* se trouve au poste d'amarrage de nuit de la jetée Est, (à gauche). Le bateau de jour, le *Rouen*, est en train d'appareiller, et le *Paris IV* est peut-être entre deux excursions, à prix réduit.

*108 - Newhaven waterside early 1930s. Left to right : "London and Paris Hotel", (marine offices added to southern end). In the night berth is the modified* Dieppe, *1905-1933 ; day boat, the* Worthing, *1928-1955, and spare vessel* Paris IV, *1913-1940. The old terminal buildings and warehouses (locally "sheds") were demolished in the 1970s.*

108 - Les quais de Newhaven au début des années 1930. De gauche à droite :
le "London and Paris Hotel" avec des bureaux maritimes rajoutés à l'extrémité Sud ; le poste d'amarrage de nuit où se trouvent le *Dieppe* modifié, (1905-1933), le bateau de jour, le *Worthing* (1928-1955), et le navire de réserve, le *Paris IV*, (1913-1940). Les bâtiments de l'ancienne gare maritime et les entrepôts seront démolis dans les années 1970.

*109 - What other use is there for a wall ? Dieppe harbour and an impossible situation. The occasion, I understand, was the conveyance of thousands of people to France for the unveiling of the Vimy Ridge War Memorial by the Prince of Wales in the 1930s. Left to right :* Brighton V *at quay,* Newhaven III *near alongside ; far left to right :* Worthing, Paris IV *and* Versailles *outside.*

109 - Que peut-on faire d'autre, avec un mur ? Le port de Dieppe est dans une situation impossible. Il paraîtrait qu'il s'agissait de transporter des milliers de gens en France, pour l'inauguration, par le Prince de Galles, du monument aux morts de Vimy Ridge, dans les années 1930. Au premier plan, de gauche à droite : le *Brighton V* à quai, le *Newhaven III* en couple ; à l'arrière-plan, de gauche à droite : le *Worthing*, le *Paris IV* et, à l'extérieur, le *Versailles*.

*110 - There must have been a lot of "boat-hopping" for the passengers and manual handling of the baggage, for the* Versailles *is about to leave on the day service. She is loaded and not "dressed". The* Rouen *will have been the only vessel to leave Newhaven on the day service and the* Versailles, *no doubt, would come back on the night run after a quick turn around.*

110 - Les passagers ont dû sauter de bateau en bateau, et faire passer leurs bagages à la main, car le *Versailles* est sur le point de partir en service de jour. Il est chargé et il n'est pas pavoisé. Le *Rouen* sera le seul navire qui part de Newhaven en service de jour et le *Versailles* reviendra, sans doute, en service de nuit, après une escale très courte.

*111 - A popular view of East Quay, Newhaven, taken from the Fort approaches in the late 1930s. If development succeeds in the foreground, this panorama will be lost forever. Left to right : at the old railway wharf is the powerful Dutch-built tug* Foremost 22, *registered at this port. Then left to right :* Newhaven III, Brighton V *and* Paris IV.

111 - Une vue populaire du quai Est de Newhaven, prise des abords du fort à la fin des années 1930. Si les travaux qu'on voit au premier plan, continuent, ce panorama sera perdu pour toujours. De gauche à droite : à l'ancien quai du chemin de fer, se trouve le puissant remorqueur *Foremost 22*, construit aux Pays-Bas et immatriculé dans ce port. Ensuite le *Newhaven III*, le *Brighton V* et le *Paris IV*.

*112 - A delightful scene at Newhaven's Continental station as it appeared on 11 October 1933.
The attractive locomotive is* Portland Bill, *one of the excellent 4-4-2 "Atlantic" class locomotives built
for the London, Brighton and South Coast Railway. This class was frequently used for the Boat Expresses,
sometimes double-headed :* "Beachy Head", *was the last to be scrapped. She brought an enthusiasts' special
over her old route to Newhaven on 13 April 1958. Going to Brighton, she took 12 empty carriages
to Eastleigh, where sadly she was broken up.*

112 - Une scène ravissante à la gare maritime de Newhaven, le 11 octobre 1933.
Cette belle locomotive, la "Portland Bill", fait partie des locomotives 4-4-2 du type "Atlantic", qui étaient
construites pour la société des chemins de fer "London, Brighton and South Coast Railway". Les trains
rapides qui assuraient la correspondance avec le ferry, étaient souvent tirés par une, ou quelquefois deux,
de ces locomotives. La "Beachy Head" est la dernière. Elle amène un train spécial, plein d'enthousiastes,
à Newhaven, le 13 avril 1958, puis elle continue par Brighton, d'où elle amène douze wagons vides
à Eastleigh, où, malheureusement, elle est mise à la casse.

*113 - In stark contrast to the
pleasing outlines of British
locomotives, here we see the
corresponding boat train at
Dieppe Gare Maritime. With
much steam and oozing
power, it had approximately
double the journey
to perform from that port
to the capital.*

113 - Par contraste avec
la belle silhouette
des locomotives anglaises,
on trouve ici, le train qui
attend à la gare maritime
de Dieppe. Pleine de vapeur
et de puissance,
la locomotive doit faire
environ deux fois la distance
entre Dieppe et Paris, que
son équivalente anglaise.

*114 - A promotions card, in French, of the* Paris IV *(1913-1940), on her trials off the Scottish coast. Early in 1924, I crossed over the old swingbridge at Newhaven with an aunt in her Model "T`' Ford, and there at the overhaul berth was moored the* Paris, *with her impressive cruiser stern towards me - the first real ship I had ever seen. Within a short while, I was living in the town, and can truly "blame" the* Paris *for my interest and love of those 1930s steamers.*

114 - Une carte publicitaire française représentant le *Paris IV*, (1913-1940), en essais, au large de la côte écossaise. Au début de 1924, je traversais l'ancien pont tournant à Newhaven, avec une tante dans sa Ford Model "T" et là, sur ses amarres dans le bassin de radoub, j'ai vu le *Paris*, son impressionnante poupe de croiseur tournée vers moi, le premier véritable navire que je n'avais jamais vu. Peu de temps après, je suis venu habiter Newhaven, et je peux constater que c'est vraiment par la "faute" du *Paris*, que j'ai cette passion pour les vapeurs des années 1930.

*114 a - The Denny Bros yard at Dumbarton on the Clyde 1913.* Paris IV *takes to the water. Below is a replica of the crest of the city of Paris which adorned the stern of* Paris IV *(see 115 a). This was carved for Newhaven Maritime Museum by Maurice Balcombe, son of Edward (see 69).*

Photo Brian Green

114 a - Le chantier des frères Denny à Dumbarton sur la Clyde en 1913. Le *Paris IV* est lancé. Au-dessous se trouve une copie des armoiries de la ville de Paris qui décorait la poupe du *Paris IV* (voir 115 a). Elle fut sculptée pour le Musée Maritime de Newhaven par Maurice Balcombe, fils d'Edward Balcombe (voir 69).

*115 - Paris sits on the north gridiron at Newhaven for a routine overhaul and repaint. The crest on her stern is the coat of arms of the city of Paris. The letters of her name and home port were in bold brass.*

115 - Le *Paris* sur le grill de carénage Nord à Newhaven ; il s'agit d'un arrêt technique normal pour être radoubé et repeint. Les armoiries sur sa poupe sont celles de la ville de Paris. Les caractères en relief de son nom et de son port d'attache, sont en laiton.

*115 a - From the west pier, Paris leaves in all her dignity, here a very new vessel.*
*Her funnels display the nice proportions as were also given to her namesake of 1888.*

115 a - Plein de dignité, le *Paris* appareille de la jetée Ouest. Sur cette photo il donne l'impression d'un navire neuf. Ses cheminées ont les mêmes belles proportions que celles de son homonyme de 1888.

*116 - It has been my good fortune that so many pictures of the Newhaven boats and their crews during the First World War service, particularly in the Dover area, have been kindly loaned to me. This view of* Paris *at speed - real speed - supports the claim that when laying mines in enemy waters in the First World War, she was spotted, but escaped from the three German destroyers which pursued her.*

116 - Je suis heureux qu'on m'ait prêté autant de photos des bateaux et des équipages, de Newhaven, pendant leur service durant la guerre de 1914-1918, particulièrement, dans la région de Douvres.
Cette vue d'un *Paris* qui avance à toute vitesse, soutient l'affirmation que, à l'époque où il mouillait des mines dans les eaux de l'ennemi, pendant la grande guerre, il a été aperçu, mais il a réussi à échapper aux trois contre-torpilleurs allemands qui le poursuivaient.

*117 - Looking over the angry afterdeck of H.M.S.* Paris. Paris *could lay her cargo of 100 mines in approximately 15 minutes at the high speed of 20 knots. Her bridge was given padded protection.*

117 - L'aspect guerrier du pont arrière du H.M.S. *Paris*. Le *Paris* était capable de mouiller sa cargaison de 100 mines, en 15 minutes environ, à la grande vitesse de 20 nœuds.
La passerelle était équipée d'une protection matelassée.

*118 - The Royal Mail pennant proudly flies at the very top of the tall foremast as R.M.S. Paris eases
out from the East Quay in the early 1930s. The forward capstan is winding
in the pulling-off hawser, which has been cast off from the west.*

118 - La flamme du Royal Mail se déploie avec fierté tout en haut du grand mât de misaine, au moment
où le RMS *Paris* appareille de la jetée, sur cette photo du début des années 1930.
Le cabestan d'avant enroule l'haussière qu'on a lâchée de la rive Ouest.

*118 a - 1930s crew of Paris IV with Captain Cook centre. Second Officer Ernest Biles (2nd from left, front
row) became captain and was in command of the vessel at Dunkirk when it was sunk.*

118 a - L'équipage du *Paris IV* : au centre, le Capitaine Cook.
Le Second Officier Ernest Biles (2ème à gauche au premier rang) était devenu le Capitaine
et était aux commandes du vaisseau quand il fut coulé à Dunkerque en 1940.

*119 - The Second World War found* Paris *engaged in troop transportation to France. She became a hospital ship and later crept into Calais before it was captured on 23 May 1940, evacuating 700 wounded. She made several visits to the Dunkirk beaches. On 2 June, at 7.15p.m., on another mission, she had bombs fall around her and was machine-gunned. Her main steam pipe burst, and two crew were killed. After another attack, at 8p.m., she was abandoned and sank.*

119 - Pendant la Seconde Guerre mondiale, le *Paris* se trouve occupé pour le transport des troupes en France Il devient navire-hôpital et plus tard, il réussit à se glisser dans le port de Calais, avant sa capture le 23 mai 1940 et à évacuer 700 blessés. Il se rend aux plages de Dunkerque plusieurs fois. Le 2 juin, à 19 heures 15, des bombes tombent autour de lui et il est mitraillé. Le tuyau de vapeur principal éclate et deux membres de l'équipage sont tués. Après une deuxième attaque à 20 heures, on abandonne le navire qui coule.

*119 a - As a Hospital Carrier the record breaking* Paris IV *is peacefully moored with the horrors of Dunkirk and her loss soon to materialise.*

119 a - En tant que navire-hôpital, il battait les records : le *Paris IV* est tranquille sur ses amarres. Mais, les horreurs de Dunkerque et sa perte sont imminentes.

*119 b - Divers visited the grave of* Paris IV *in 1999. The major souvenirs normally expected were not forth-coming but several photographs and a video were given to the Newhaven Maritime Museum. This photograph of a capstan is a closing memory of the remarkable vessel.*

119 b - Des plongeurs inspectèrent la tombe du *Paris IV* en 1999. Pas de souvenirs d'importance ne nous furent accordés mais quelques photographies et une cassette video furent offertes au Musée Maritime de Newhaven. Cette photo d'un cabestan est comme un souvenir final de ce vaisseau remarquable.

*120 - The French S.S.* Versailles *makes her maiden entry to Newhaven. Note the stained wood sheathing of her bridge, which was to become white later. Her construction was put in hand in 1914, but the First World War halted work and it was not until July 1921 that she was finally completed. Her official crossing was made on 1 August, when she averaged just under 25 knots.*

120 - Le navire français, le SS *Versailles*, fait sa première entrée à Newhaven ; notez le revêtement en bois teinté de la passerelle, qui deviendra blanc plus tard. Sa construction démarre en 1914, mais la guerre interrompt les travaux, et ce n'est qu'en juillet 1921, que le navire est enfin prêt. Sa traversée inaugurale a lieu le 1er août, à une vitesse moyenne de presque 25 nœuds.

*121 - Still very much a coal-burner, the* Versailles *leaves Newhaven, displaying her attractive cruiser stern with the green and gold Dragon motif. Decoration like this had begun with* Seine, *but was later removed from the* Versailles. *With an extra pair of boats on the boat-deck, it was easy to distinguish her from* Rouen *and* Newhaven. *She was converted to oil-burning in 1929 and the promenade deck plated in, with windows, in 1933. She retained her two funnels.*

121 - Toujours navire à charbon par excellence, le *Versailles* appareille de Newhaven. On voit sa belle poupe de croiseur ornée du motif représentant un dragon vert et doré. Le *Seine* porte déjà des armoiries de ce genre, mais elles seront enlevées plus tard du *Versailles*. Ses deux chaloupes supplémentaires au pont d'embarcation aident, elles aussi, à distinguer le *Versailles* du *Rouen* et du *Newhaven*. Il est modifié en 1932, pour la propulsion par des machines à mazout et des plaques et des vitres sont rajoutées au pont promenade, en 1933. Il conserve ses deux cheminées.

*122 - Most of the passenger vessels were involved in some incident or other during their careers. Leaving on the day service on 3 December 1931 with only 28 passengers, the* Versailles *headed out into a stiff gale. Crossing the breakwater bar, in the trough of a wave, she damaged her rudder. Barrels and boxes of fresh fish were carried on the after deck. Perplexed seamen survey the storm damage.*

122 - Il y a eu quelques incidents pendant la carrière de la plupart des ferries. Le 3 décembre 1931, avec seulement 28 passagers à bord, le *Versailles* appareille par fort coup de vent. Sa traversée de la barre brise-lames, dans le creux d'une vague, cause des avaries au gouvernail. Sur cette photo, on voit des caques et des caisses de poissons frais sur le pont arrière, ainsi que des marins qui regardent les dégâts d'un air perplexe.

*123 - Using her twin screws, the* Versailles *sought calmer water east of Beachy Head. The tug,* Foremost 22, *was directed to assist, but had to return with an injured crewman ; a second attempt succeeded. Placards at Lewes station told the distress, as I headed home from school. Passing Newhaven's parish church the carillon bells were sounding "Eternal Father strong to save". Later, from my window, I saw the lights of the two vessels reach safety.* Versailles *here on the hard for low water examination.*

123 - Le *Versailles* se sert de ses deux hélices pour chercher des eaux plus calmes à l'Est de Beachy Head. Le remorqueur *Foremost 22*, est envoyé à son aide, mais doit faire demi-tour à cause d'un membre blessé de l'équipage : une deuxième tentative réussit. A la gare de Lewes, sur le chemin de l'école à la maison, je vois les affiches des journaux qui annoncent que le navire est en perdition. Je passe devant l'église de Newhaven où les cloches du carillon sonnent "Eternal father strong to save", le cantique pour ceux qui en mer, sont en danger. Plus tard, de ma fenêtre, je vois les feux des deux vaisseaux qui regagnent la sécurité du port. Sur cette photo, on voit le *Versaille*s échoué pour inspection, à marée basse.

*124 - Mid-30s view of* Versailles *"opening up" as she leaves Newhaven, still within the east pier.*

124 - Une vue de 1935, environ, du *Versailles,* qui prend de la vitesse en appareillant de Newhaven, encore en amont de la jetée Est.

*124 a - With the steamers making many extra trips to get people back to their home countries, I made a day crossing on the* Versailles, *leaving on the morning boat and departing Dieppe at midnight. It was August 1939 : war seemed inevitable. The return was less eventfiul than it must have been on 16 December 1935, when 15 miles out from Dieppe, 40 feet of this port side screening was indented and six large windows smashed. Five passengers and one crew were slightly injured.*

124 a - Il y a beaucoup plus de traversées qu'à la normale, pour rapatrier les gens. J'en profite pour faire un aller-retour d'une journée à bord du *Versailles*, en partant le matin et en quittant Dieppe à minuit. On est au mois d'août 1939 : la guerre semble inévitable. Le voyage de retour ce jour-là, se passe sans incident, contrairement à celui du 16 décembre 1935 : à 15 milles au large de Dieppe, douze mètres de tôlerie sont enfoncés, six grandes vitres cassées, et cinq passagers et un membre de l'équipage, légèrement blessés.

*125 - The* Versailles *has discharged and here the "wire boat" can be seen, accepting the steel hawser which will be taken to the other side of the basin. The ship's capstan will then take in the cable and, depending on wind and tide, may swing the vessel in one move ; if not, the process will be repeated to the quay. Finally, the hawser will be taken from the starbaurd bow for the pull out at departure.*

125 - Sur cette photo, à Dieppe, on voit que le *Versailles* a effectué son déchargement et que le canot de lamanage saisit l'haussière en acier qu'il transporte jusqu'à l'autre bord du bassin. Ensuite, ce câble est viré à l'aide du cabestan du navire, ce qui, selon l'état du vent et de la marée, fera évider le navire ; au besoin, le processus se répétera jusqu'à l'accostage. Enfin, l'haussière sera saisie de l'étrave de tribord pour la remorque d'appareillage.

*126 - Having performed all the intricacies of swinging during the previous evening, which is so easily performed with today's bow thrusters (usually), the* Versailles *has warped out from her home quayside and is heading through a lumpy sea for Newhaven.*

126 - Le *Versailles* a déjà accompli les manœuvres compliquées d'évidage, la veille au soir, manœuvres qui, (normalement), de nos jours sont très faciles à effectuer à l'aide des propulseurs d'étrave.
Il a appareillé de son port d'attache et sur cette photo, il part pour Newhaven, par une mer plutôt agitée.

*127 - The* Versailles *in 1939 : she occupies the very same mooring in Rotterdam, as does the* Newhaven *in picture 97. Perhaps she was sent there first to collect the French ambassador, should it have been required, and was replaced by her older companion.* Versailles *was damaged at Dunkirk.
Later she was seized by the Germans and traced, damaged, at Aalborg in Denmark in 1945, with two metres of water in her. She was not brought home.*

127 - Le *Versailles* en 1939 : il occupe le même mouillage dans le port de Rotterdam que celui du *Newhaven,* sur la photo n° 97; il se peut qu'on l'y ait envoyé pour embarquer, en cas de besoin, l'ambassadeur de France, et qu'on l'ait remplacé plus tard par son sister-ship aîné. Le *Versailles* subit des dégâts à Dunkerque. Plus tard, il est capturé par les Allemands et on le trouve, en 1945, avarié à Aalborg, au Danemark, avec 2 mètres d'eau dans la cale. On ne le ramène pas.

128 - *Introducing a completely new style in cross-Channel design at Newhaven, the S.S.* Worthing *arrived on 30 August 1928 ; here, she is seen leaving the home port soon after her introduction.*
*On the right is* Newhaven III *or* Rouen IV.

128 - L'arrivée du SS *Worthin*, le 30 août 1928, introduit au port de Newhaven un style tout à fait nouveau dans la conception des ferries trans-Manche.
Sur cette photo, on le voit en train d'appareiller de son port d'attache, peu de temps après sa mise en service. A droite, on distingue le *Newhaven III* ou le *Rouen IV*.

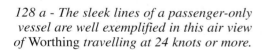

128 a - *The sleek lines of a passenger-only vessel are well exemplified in this air view of* Worthing *travelling at 24 knots or more.*

128 a - Cette vue aérienne d'un *Worthing* qui avance à une vitesse d'au moins 24 nœuds, caractérise très bien les lignes pures d'un vaisseau conçu uniquement pour le transport de passagers.

*129 - When steel meets reinforced concrete !
The crumpled bow of* Worthing *after she
rammed the east pier, Newhaven, when
leaving at 10.30p.m. on 30 October 1930. A
routine before going to bed, my father
watched the boat leaving from our window.
He said it was just incredible to see the sedate
mass of moving light suddenly stop dead !*

129 - Une rencontre entre l'acier et le béton
armé ! La proue toute enfoncée du *Worthing,*
après avoir heurté la jetée Est, à Newhaven, en
appareillant à 22 h. 30, le 30 octobre 1930.
Selon son habitude, mon père regarde
le départ du bateau de la fenêtre de notre
maison ; il nous dit que de voir cette masse
lumineuse qui avance majestueusement,
puis tout d'un coup, stoppe net,
lui fait une impression inoubliable !

*129 a - The contractors had not long removed their equipment away from rebuilding the old east pier from
wood to reinforced concrete piling - when the* Worthing, *travelling slowly because of low water, sheered and
ploughed into the corner. The light on the pier (seen here) is green !*

129 a - Peu de temps après que l'entrepreneur ait enlevé son matériel, après le remplacement des pilotis
en bois de l'ancienne jetée, par des pilotis en béton armé, le *Worthing,* qui avance lentement à cause de la
basse marée, fait une embardée et heurte l'angle. La couleur du phare qu'on voit sur cette photo est verte !

*129 b - Stewardesses Mrs Evenden and Mrs James in the prow of the* Worthing *waiting to see H.R.H. Prince George, the Duke of Kent come into view. The year was 1931 and he had just christened a new lifeboat and was to board the* Worthing *for a reception. Two steamers of the service were patronised by sightseers, the one in this picture is the* Rouen *yet to be converted to single funnel and oil burning.*

129 b - Les stewardesses, Mesdames Evenden et James, sur la proue du *Worthing,* attendant de voir S.A.R. Prince George, Duke de Kent. On était en 1931 et il venait juste de baptiser un nouveau bateau de sauvetage et allait embarquer pour la réception à bord du *Worthing.* Les visiteurs ont choisi deux des bateaux à vapeur du service. Celui sur cette image est le *Rouen* qui serait transformé plus tard en bateau à mazout, à une cheminée.

*129 c - From the* Worthing *the* Archibald Russell *in full sail justifies the Captain's decision to alter course so that his passengers may have a lasting memory.*

129 c - L'*Archibald Russell* qui a pris la mer vu du *Worthing.* Par décision du Capitaine - bien justifiée, - il changea de direction pour que ses passagers puissent en garder un souvenir mémorable.

*130 - Like most of the mail boats,* Worthing *was firstly engaged in getting the British Expeditionary Force to France and was later converted to hospital carrier duties. Her lifeboats sat on the deck, and very necessary drill is in progress in this picture. Her draught was 10 feet 7 inches (this was less in her successor* Brighton V *of 1933 ; also with the latter, her boats were held high in the davits).*

130 - Comme la plupart des paquebots, le *Worthing* est employé d'abord comme navire de transport pour le corps expéditionnaire britannique, et plus tard, il est transformé en navire hôpital. Ses chaloupes de sauvetage se trouvent sur le pont, et un exercice indispensable se déroule sur cette photo. Son tirant d'eau est de 3,2 m (moins que celui de son successeur, le *Brighton V* de 1933 ; d'ailleurs ce dernier porte ses chaloupes suspendues à des bossoirs).

*131 -* Worthing *was on one of her several missions to the Dunkirk evacuation when the* Paris IV *was attacked : the* Worthing *was ordered home. She later became a Fleet Air Arm target practice ship and as H.M.S.* Brigadie*r she was at the "D" Day beaches as an infantry landing ship, armed with one twelve-pounder and four 20mm anti-aircraft guns.*

*131 -* Le *Worthing* est en train d'accomplir une de ses quelques missions pour l'évacuation de Dunkerque quand le *Paris IV* est attaqué ; le *Worthing* est rapatrié. Plus tard, il devient un navire d'entraînement aéronaval et, sous le nom de HMS *Brigadier,* il se trouve utilisé comme navire de débarquement pour le jour "J", armé d'une pièce de douze et de quatre canons antiaériens de 20 mm.

132 - With a modern ferry, the wheelhouse occupies almost the width of the bridge. The wheelhouse of the Worthing, illustrated here, appears almost minuscule. She was a very popular and comfortable ship. Her capacity was 1,040 passengers in three classes, 2,288 gross tonnage, 306 feet long, 38ft. 6ins. breadth, with two sets of Parsons single-reduction-geared turbines turning two propellers..

132 - La timonerie d'un ferry moderne prend presque toute la largeur de la passerelle, en comparaison, celle du Worthing visible sur cette photo, a une apparence presque minuscule. Le Worthing est un navire très populaire et confortable. Il est capable de transporter 1.040 passagers de trois classes ; tonnage brut : 2.288 tonneaux, longueur hors tout 93,2 m, largeur 11,7 m ; deux machines à turbine Parsons, de démultiplication simple, qui actionnent deux hélices

*133 - S.S.* Worthing *dressed overall, enters Dieppe harbour, possibly her return to post-war duties. The hydroplane devices, clearly seen in picture 129, were removed, certainly before 1940. One can only assume that the hoped-for advantage created some counteracting deficiency.*

*133 -* Tout pavoisé, le SS *Worthing* entre dans le port de Dieppe, peut-être pour reprendre son service pour la première fois, après la guerre. Les équipements hydroplanes qui sont bien visibles sur la photo n° 129, ont été enlevés, probablement avant 1940. On peut supposer que les améliorations attendues de ces derniers, ont provoqué simultanément des inconvénients.

*134 - After 27 years of reliable service, the* Worthing *waits to leave Newhaven for warmer waters. As the Greek* Phryni, *registered at Piraeus, she left on 7 June 1955. A refreshing memory is the makers plate William Denny and Brothers Ltd, Dumbarton 1928. She was broken up in 1964.*

134 - Après avoir assuré un service de qualité pendant 27 ans, le *Worthing* attend à Newhaven, son départ pour des eaux plus chaudes. Rebaptisé le *Phryni*, navire grec immatriculé au Pirée, il partira le 7 juin 1955. On voit la plaque du constructeur, William Denny and Brothers Ltd de Dumbarton, datée 1928. Un souvenir agréable. Le *Phryni* sera envoyé à la casse en 1964.

*135 - The last Newhaven-Dieppe steamer to be built before the 1939 war was the* Brighton *V of 1933. On her trials to Dieppe and back, she averaged 24.69 knots. With the appearance of a "mini-liner", one could imagine that if she was multiplied by three, there would be quite a lot of* Queen Mary *about her. I took this photograph in 1936, when the* Brighton *was "dressed" to acknowledge the only birthday of Edward VIII as King.*

135- Le *Brighton V* de 1933 est le dernier vapeur de la ligne Newhaven-Dieppe construit avant la guerre de 1939. Pendant ses traversées d'essai entre Newhaven et Dieppe, sa vitesse moyenne est de 24,69 nœuds. Il a l'apparence d'un paquebot de grande ligne ; on peut imaginer que, si on multipliait ses dimensions par trois, il ressemblerait quelque peu au *Queen Mary*. J'ai pris cette photo en 1936, le *Brighton* est pavoisé en l'honneur de l'anniversaire du roi Edward VIII, le seul anniversaire qu'il a pu fêter pendant son court règne.

*136 -* Brighton *announces her entry into the harbour at Dieppe, a powerful yet pleasing sound. Unlike* Worthing, *her lifebouts were suspended, giving more standing room at the rail.*

136 - Le *Brighton* annonce son entrée dans le port de Dieppe ; un son nouveau qui réjouit le cœur en dépit de sa force. Contrairement à celles du *Worthing*, ses chaloupes sont suspendues aux boissoirs, ce qui donne plus de places debout sur le bastingage.

*137 - No one can accuse* Brighton V *of digging her nose into the sea as she heads past the end of Newhaven's breakwater into the Channel swell. She sported some exceptionally large ventilators clustered around the funnel.*

137 - On ne peut pas accuser le *Brighton V* de fendre la mer (sur cette photo), où il passe le bout du brise-lames de Newhaven et met le cap, à la houle de la Manche. Il arbore des manches à air exceptionnellement grandes, groupées autour de sa cheminée.

*138 - Entering Dieppe in a gale on 15 April 1938, the* Brighton *damaged herself on the east pier foundations.*

138 - En entrant dans le port de Dieppe, le 15 avril 1938, par temps de grand vent, le *Brighton* drosse sur les fondations de la jetée Est et subit des avaries.

138 a - *In dense fog, homeward-bound on the night service, 14-l5 August 1936,* Brighton *fouled the concrete foundations of the Newhaven breakwater, she sustained damage to her hull tail-shaft and as can be seen in this picture, to her port propeller.*

138 a - Par temps de brume très épaisse, en service de nuit sur le chemin de retour, le 14-15 août 1936, le *Brighton* entre en collision avec les fondations en béton du brise-lames de Newhaven et subit des avaries à l'arbre d'hélice de sa coque et (comme on voit sur cette photo), à son hélice gauche.

*139 - R.M.S.* Brighton V. *I took this snap with a little vest pocket Kodak, from the Newhaven west pier in 1937.* Worthing *sits in the night berth. Notice the two redundant steam cranes, right.*

139 - Le RMS *Brighton V.* J'ai pris cette photo de la jetée Ouest de Newhaven, en 1937, avec un petit Kodak de poche. Le *Worthing* est au poste d'amarrage de nuit. Remarquez les deux grues à vapeur désaffectées, à droite.

*139 a* - Brighton *in her final role as Hospital ship no. 31, in 1940. Bombing of Dieppe started on 18 May 1940. The* Maid of Kent *was bombed and set on fire on 21 May with the loss of 43 lives. Brighton was also there.*

139 a - Le *Brighton* joue son dernier rôle, celui de navire-hôpital n° 31, en 1940. Le bombardement de Dieppe commence le 18 mai 1940 ; le *Maid of Kent* est bombardé et incendié, avec la perte de 43 vies. Le *Brighton* aussi est présent.

*140 - So near, yet so far ! Brighton V had been given a safe exit chart by the retiring Navy, but the bridge across the inner basin entrance had been sabotaged ; she was trapped. Brighton was bombed on 24 May and sank. The crew were not aboard and after much walking, reached home via Rouen, Fécamp and Honfleur.*

140 - Si près, et pourtant si loin ! La marine, qui bat en retraite, a confié au *Brighton V* une carte marine pour faciliter son appareillage, mais le pont qui enjambe l'entrée du bassin intérieur à Dieppe, a été saboté : le *Brighton* est bloqué. Le 24 mai, le *Brighton* est bombardé et coulé. Les membres de l'équipage ne sont pas à bord, et, après une longue marche, en passant par Rouen, Fécamp et Honfleur, ils sont rapatriés.

140 a - *The bell of the* Brighton V *was generously presented to Newhaven Maritime Museum by Steve Benz in December 1999. He purchased it from an antique dealer in Warwick, England, who in turn had acquired it from a street market trader in Le Mans.*

140 a - C'est avec une grande générosité que Steve Benz a offert la cloche du *Brighton V* au Musée Maritime de Newheven. Il l'avait achetée à Warwick en Angleterre chez un antiquaire qui lui-même l'avait découverte sur l'étale d'un antiquaire du Mans.

140 b - *As designated Hospital Carrier bases it was no surprise that Newhaven and Dieppe were chosen as the terminals for the exchange of seriously wounded prisoners of war after the collapse of France. Sadly it failed to take place. It is said that Hitler insisted that his deputy Rudolf Hess, already a prisoner in this country, should be released as part of the deal. The ships were floodlit giving Newhaven a night of freedom from the blackout ! This picture is from a newspaper dated Saturday 4 October 1941.*

140 b - Désignées comme bases pour navires hôpitaux, on ne fut pas surpris lorsque Newhaven et Dieppe furent choisies comme terminals pour l'échange des prisonniers de guerre après la chute de la France. Malheureusement, cet échange n'eut pas lieu. Il est dit que, comme condition, Hitler aurait insisté pour que son adjoint Rudolf Hess, déjà prisonnier en Grande-Bretagne, soit relâché. Les paquebots furent éclairés aux projecteurs donnant ainsi à Newhaven une nuit libre du black-out ! Cette image est tirée d'un journal daté samedi 4 octobre 1941.

*140 c - S.S.* Isle of Guernsey *returns to Newhaven on 14 January 1945 after trials.*
*The next day she left for Dieppe to resume the first passenger service with France since 1940.*

140 c - S.S. *Isle of Guernsey* retourne à Newhaven après des essais le 14 janvier 1945. Le jour suivant
elle quitta Dieppe pour reprendre le premier service à passagers avec la France depuis 1940.

*140 d - Passengers from Dieppe disembark at Newhaven on 19 January 1945.*

140 d - Des passagers venus de Dieppe débarquement à Newhaven le 19 janvier 1945.

*140 e -* Isle of Thanet *back in pre-war colours, still absent from her Dover-Calais route, enters Newhaven harbour after the establishment in January 1945 of the new Newhaven-Dieppe service. The hut housing the "narrows" navigation light looks most neglected. Note war time barbed wire in foreground. Also giving service in this period were the* Dinard *and the* Victoria *with finally the* Worthing *on 24 March 1945. The next change came with the* Londres *on 18 April 1947.*

140 e - L'*Isle of Thanet* à nouveau avec ses couleurs d'avant-guerre, mais toujours absente de la ligne Douvres-Calais, entre dans le port de Newhaven après la création en janvier 1945 du nouveau service Newhaven-Dieppe. La cabane où sont logés les phares à passage étroit (les "narrows") a l'air bien délabrée. Au premier plan, on note des fils barbelés datant encore de la guerre. Aussi, étaient en service à cette époque, le *Dinard* et le *Victoria* et finalernent le *Worthing* le 24 mars 1945. Le changement suivant vint avec l'arrivée du *Londres,* le 18 avril 1947.

*140 f - Looking back, the same* Isle of Thanet *at Railway Quay Newhaven as a Hospital Carrier - 1939-40.*

140 f - Revenant sur le passé, la même *Isle of Thanet,* alors navire-hôpital, amarrée au quai ferroviaire à Newhaven.

*Photo Bob Smith*

*141 - Little did local photographer Bob Smith realise when he took this picture on 18 April 1947, that he was recording the approaching end of an era. Here the French passenger steamer* Londres *makes her maiden arrival at Newhaven.*

141 - Le photographe local, Bob Smith, est bien loin de se douter, en prenant cette photo le 18 avril 1947, qu'il fige la fin imminente d'une époque. Le vapeur français *Londres* fait sa première entrée dans le port de Newhaven.

*Photo Bob Smith*

*142 - Although* Londres *was launched on 19 December 1941 at Le Havre, she did not enter service until taken to Germany in 1943, where she was completed and adapted as the minelayer* Lothringen. *She was returned to Le Havre for refit in 1945. Here our stoic lensman has captured her after the noisy reception, sleeping off her successes in the night berth. Isle of* Thanet, *right, (sister to* Maid of Kent *bombed at Dieppe) restarted the service from 1945 to 1947, with* Worthing *(far right) from 24 March 1945.*

142 - Bien qu'il soit lancé au Havre, le 19 décembre 1941, le *Londres* ne fait ses débuts qu'en 1943, quand il est envoyé en Allemagne où il est achevé et transformé en mouilleur de mines sous le nom du *Lothringen*. Le *Londres* est renvoyé au Havre en 1945, pour une remise en état. Sur cette photo, on le voit après son accueil tumultueux, au poste d'amarrage de nuit, en train de se remettre de ses succès. A droite on voit l'*Isle of Thanet* (le sister-ship du *Maid of Kent,* qui a été bombardé à Dieppe), qui reprend du service de 1945 à 1947, accompagné du *Worthing*, que l'on voit à l'extrême droite, dès le 24 mars 1945.

*143 - When 1 took this picture in 1960, little did I realise that I too was recording the approaching end of the passenger-only era.* Londres *is moored at the northern end of the Railway Quay for lay-by and overhaul.*

143 - Quand j'ai pris cette photo en 1960, j'étais, moi aussi, loin de soupçonner que j'assistais à la fin imminente de l'époque des navires destinés exclusivement aux passagers à pied.
Le *Londres* est amarré à l'extrémité Nord du quai des chemins de fer, en arrêt technique pour radoubage.

*144 -* Londres, Vichy, Lothringen *and now again the* Londres.
*The makers' plate gives the date of her final adaptation to her intended service and the name she was meant to have.*

144 - Le *Londres*, puis le *Vichy*, puis le *Lothringen* et enfin,
une fois de plus, le *Londres*. La plaque du constructeur porte la date
de la transformation définitive du navire pour le service trans-Manche,
et le nom qu'on lui avait assigné au début.

*144 a - Something perhaps it's better the passenger does not see : the inclinometer from the* Londres. *The river Thames and Tower Bridge are clearly portrayed, with the House flag top and the London crest bottom (as incorporated in the London, Brighton and South Coast Railway arms).* Londres *was always regarded as an excellent sea boat. She could carry 1,450 passengers. With the sale of* Worthing *in 1955, she was operated from Newhaven with an English crew.*

144 a - Quelque chose que peut-être il vaut mieux cacher à la vue du passager : l'instrument de mesure de la gîte du *Londres.* La Tamise et Tower Bridge sont clairement représentés, le pavillon de la compagnie est en haut, et les armoiries de la ville de Londres, en bas, (celles-ci faisaient aussi partie des armoiries de la société de chemins de fer « London, Brighton and South Coast Railway »). Le *Londres* est toujours considéré comme un navire de mer très fiable. Il peut transporter 1.450 passagers. Après la vente du *Worthing* en 1955, Newhaven devient son port d'attache et il fonctionne avec un équipage anglais.

Photo Andrew Gilbert

*145 - Ignominious departure from service. Old stalwart* Londres *under tow from the Newhaven tug* Meeching *on 23 December 1963. Captain Frank Gilbert took her to no. 101 berth at the new quay, Southampton. His son Andrew is responsible for the unique photograph. Under Greek ownership she was given the name* Ionian II. *Later a raked stem and a new style foremast were added.*

145 - Un départ ignominieux. Le brave vieux *Londres* est remorqué par le *Meeching,* de Newhaven, le 23 décembre 1963. Le capitaine Frank Gilbert l'accompagne au poste d'amarrage n° 101, du nouveau quai de Southampton. Son fils Andrew a pris cette remarquable photo. Le navire est racheté par une compagnie grecque et rebaptisé *Ionian II.* Plus tard il est équipé d'une proue inclinée et d'un mât de misaine d'un style nouveau.

*146 - With this modernisation, she was given the name of* Sophoklios Venizelos *(this picture). She ran out of Piraeus to Crete and Rhodes. She caught fire on 14 April 1966 whilst refitting and was towed to a nearby beach to burn out. The car ferry era was just round the corner.*

146 - Suivant cette modernisation, il est rebaptisé le *Sophoklios Venizelos* ; il assure un service du Pirée à la Crète et Rhodes. En arrêt technique le 14 avril 1966, il prend feu, et on le remorque sur une plage avoisinante où on le laisse brûler. On est presque à l'époque des car-ferries.

*147 - M.V.* Nantes *(1946-1965). One of the three post-war "Dieppe Screws" built for the cargo service. These were the first diesel-driven vessels on the crossing.* Nantes *is moored at East Quay. The sisters were* Rennes III *(1948-1965) and* Brest II *built 1950. By 1963, 16,012 cars were transported by these smart vessels. The "screws" would set off an hour before the passenger boat, the off-craned car would then be collected by its driver on arrival. Annual cargo handling had reached 55,914 tonnes by this time, and passengers 376,801.*

147 - Le MV *Nantes* (1946-1965). L'un des trois cargos (dit les "Dieppe Screws"), de l'après-guerre, construits pour le service de transport des marchandises. Ces derniers sont les premiers du type diesel à assurer le service Newhaven-Dieppe. On voit le *Nantes* amarré au quai Est.
Ses sister-ships sont le *Rennes III* (1948 1965) et le *Brest* (construit en 1950). Ces trois navires élégants transporteront de plus en plus de voitures : 16.012 en 1963. Le cargo partait une heure avant le ferry et les voitures étaient déchargées à l'aide d'une grue et récupérées par leurs conducteurs, à quai, en arrivant.
A cette époque la Ligne transportait 55.914 tonnes de marchandises et 376.801 passagers par an.

148 - *Displaying an attractive profile,* Arromanches *rests at Newhaven's East Quay in 1960. The old terminal buildings, left, have still some time to live. Notice the harbour clock ; this has been beautifully restored through the kindness of a local benefactor, and adorns a wall in the town's main shopping street. It is now driven by electricity. Sister to* Londres, Arromanches *was launched in 1946, coming into service in the following year.*

148 - On voit la belle silhouette de l'*Arromanches* au quai Est, à Newhaven en 1960. Les bâtiments de l'ancienne gare maritime, à gauche, existent toujours. Remarquez l'horloge du port ; celle-ci se trouve maintenant au centre commercial de Newhaven, restaurée à la perfection grâce à la générosité d'un bienfaiteur local. Son mouvement a été remplacé par un mécanisme électronique. L'*Arromanches* est le sister-ship du *Londres* ; il est lancé en 1946 et prend du service dès 1947.

*148 a - With the old wartime troopships* Dinard, Isle de Guernsey *and* Isle of Thanet *the official restart of the line took place on 15 January 1945. In April 1947 the* Londres *joined the Service followed by the* Arromanches *in August.*

*In May 1950 the* Brighton IV *joined and then* Lisieux *in March 1953. The latter two were present at the inauguration of the new Maritime Station.*

148 a - Avec les paquebots - anciens transports de troupe - *Dinard, Isle de Guernsey* et *Isle of Thanet,* la reprise officielle de la Ligne s'effectue à partir du 15 janvier 1945. Il n'y a plus à cette époque de gare maritime et le quai présente d'importants dégâts laissés par l'armée allemande mais très rapidement, pour recevoir correctement les navires, des travaux de remise en état allaient être entrepris. En avril 1947, le *Londres* sera bientôt suivi en août, de l'*Arromanches* puis en mai l950, ce sera le *Brighton* et en mars 1953, le *Lisieux.* La nouvelle gare maritime, œuvre d'Urbain Cassan, architecte Grand Prix de Rome, est brillamment inaugurée le 17 juin 1953.

*149 - Like her sister,* Arromanches *was a powerful and fast steamer, having a service speed of 24 knots.
She was 308 feet 5 inches long, 42 feet 4 inches in breadth with a gross tonnage of 2,600.
This impressive picture of her at sea was given to me by one of the fleet's engineers, taken probably
when he was serving on the* Worthing. *Her name, of course, was chosen in recognition of the famous "D"
Day landing beach in Normandy.*

149 - De même que le *Londres,* l'*Arromanches* est un vapeur puissant et rapide ; sa vitesse de croisière
est de 24 nœuds. Il a 94 m de long et 12,9 m de large, et il jauge 2.600 tonneaux brut.
Cette image impressionnante du navire en mer, m'a été offerte par un des ingénieurs de la Ligne ;
il a probablement pris la photo pendant qu'il travaillait sur le *Worthing.* L'*Arromanches* est baptisé,
bien sûr, en reconnaissance de la célèbre plage du débarquement du 6 juin 1944.

*150 -* Arromanches *managed to miss the harbour entrance in the early hours of 8 July 1964.
She was grounded on the sand to the east of the port in a strong gale with heavy rain. She was there for a
few hours until the tide had risen sufficiently for her to up anchor, literally race out to sea, turn and
make harbour safely and unaided. When I took this photograph from the fort, it was very difficult to keep
upright - and dry ! Note the bridge over the anti-invasion gap blown in the east pier.*

150 - Tôt, le matin du 8 juillet 1964, par un fort coup de vent et une pluie battante, l'*Arromanches* rate son
entrée à Newhaven et s'échoue sur le sable à l'Est du port. Il y reste pendant quelques heures, en attendant
la marée montante, qui lui permet de virer l'ancre, de partir au large à toute vitesse, et enfin de faire demi-
tour et de regagner le port en sécurité et sans aide. Lorsque j'ai pris cette photo, des hauteurs du fort,
j'ai eu beaucoup de mal à me tenir debout et à éviter de me faire tremper ! Remarquez la brèche dans
la jetée Est, qu'on a fait sauter en vue d'une éventuelle invasion, et qui est enjambée par un pont.

*151 - Arromanches with a modernised profile. With the advent of the first car ferry on the Dieppe route, the converted Falaise. Arromanches was sold in 1965 and like so many redundant cross-Channel steamers, found her way to Greece. As the Leto, she operated out of Piraeus on the daily "Cyclades Express" service. She sustained gale damage in 1970 and was broken up in 1972-73.*

151 - L'*Arromanches* avec un profil modernisé. En 1965, avec la venue sur la Ligne Newhaven-Dieppe du premier car-ferry, le *Falaise*, transformé. L'*Arromanches* est vendu et, comme beaucoup des vapeurs trans-Manche, désarmé, se retrouve en Grèce. Rebaptisé le *Leto*, il assure le service quotidien, "Cyclades Express" du Pirée. Il subit des avaries à la suite d'une tempête en 1970, il est envoyé à la casse en 1972-73.

*152 - Yet another photographer, Ken Eborn, has to be thanked for this excellent shot of Newhaven East Quay in the late 1950s or early 1960s. A "Dieppe Screw" (left) is in the new ferry berth. Centre is* Brighton VI *with* Arromanches *near. All of the quayside buildings have since gone, as have the gas works ! In March 1950, the* Arromanches *was chosen to bring the French President to Dover for a state visit.*

152 - Il faut remercier encore un autre photographe, Ken Eborn, pour cette excellente photo du quai Est de Newhaven, vers la fin des années 1950 ou du début des années 1960. Un cargo "Dieppe Screw" (à gauche), se trouve au poste d'amarrage actuel du car-ferry. Au centre, on voit le *Brighton VI* et, au premier plan, l'*Arromanches*. Tous les immeubles du bout du quai ont maintenant disparu, ainsi que l'usine à gaz ! En mars 1950 on choisit l'*Arromanches* pour amener le Président de la République Française, à Douvres, en visite officielle.

*152 a - This photograph of the arrival of West Indian immigrants in the 1950s has recorded a close view of the front of the old wooden terminal building.*

152 a - Cette photographie de l'arrivée d'immigrés antillais en 1950 montre bien le détail du devant du vieux Terminal en bois.

*152 b - Extracted from an aerial view of the harbour this picture reveals the detail of the roof area of the terminal building and sheds on either side. Behind is the long roof of the Continental platform. The presence of the relief ferry* Normannia *and the* Lisieux's *bow gives a date of 1964-1965.*

152 b - Extraite d'une vue aérienne du port, cette image révèle le détail des toits du Terminal et des hangars de chaque côté. A l'arrière-plan, on peut voir le toit long qui recouvre le quai "continental". La présence du ferry suivant *Normannia* et la proue du *Lisieux* indiquent la date 1964-1965.

Photo Claude Féron

*152 c - This harbour station of Newhaven was built in 1973, when the « Sealink » installations of the port of Newhaven were modernized. The inauguration took place on 2nd October that year with the Ambassador of France in Great Britain, his Excellency Jacques de Beaumarchais, in the presence of David McKenna, representative of British Railways and M. Hutter, the S.N.C.F. and of many more British and French VIPs. The new harbour station had two floors and covered a large area to welcome passengers and a police and customs control room with adjoining offices in a three-floor building. The welcoming room for passengers had an inquiry office, an exchange office, toilets, a left luggage office and trolleys were at passengers' disposal.*

152 c - La gare maritime de Newhaven a été construite en 1973, au moment de la modernisation des installations "Sealink" du port de Newhaven. L'inauguration eut lieu le 2 octobre de cette année-là par l'Ambassadeur de France en Grande-Bretagne, Son Excellence Jacques de Beaumarchais, en présence de David McKenna, représentant les British Railways et M. Hutter, la SNCF et d'autres personnalités franco-britanniques. La nouvelle gare voyageurs comprend un étage et couvre une vaste superficie destinée à l'accueil des voyageurs, ainsi qu'une salle de contrôle de police et de douane avec des bureaux adjacents dans un bâtiment à deux étages. La salle d'accueil des voyageurs dispose d'un bureau de renseignements, d'une billetterie, d'un bureau de change, de toilettes, d'une consigne, et de chariots à bagages individuels qui sont à la disposition des voyageurs.

*153 - With flags probably denoting her maiden voyage in 1950,* Brighton VI *enters Dieppe.
Gross tonnage was 2,875 tonnes. Yet another Denny product, she was 311 feet in length, 40 feet 6 inches
beam and a draught of 11 feet 1 inch. Her service speed was 24 knots, which she easily achieved.
She could carry 1,450 passengers.*

153 - Pavoisé, probablement en l'honneur de son voyage inaugural le *Brighton VI* entre dans le port
de Dieppe, en 1950. Il jauge 2.875 tonneaux brut. Encore un autre produit du constructeur Denny.
Le *Brighton VI* a 94,75 m de long et 12,34 m de large, son tirant d'eau est de 3,37 m. Sa vitesse
de croisière est de 24 nœuds, une vitesse moyenne qu'il assure aisément. Il peut transporter 1.450 passagers.

*154 - A scene of tranquillity taken from the previous swing bridge at Newhaven. The water level is just below
the top of the gridiron on which sits P.S.* Whippingham *for overhaul. Seaward, is* Brighton VI, *resting. The
year is 1960, and at this time the winter service was suspended. I was doubly pleased with this picture as I
had taken it with a hybrid of plate and roll-film cameras : it still works !*

154 - Une scène paisible, prise de l'ancien pont tournant de Newhaven. Le niveau de l'eau est juste
en dessous du grill de carénage, sur lequel on voit le PS *Whippingham* pour radoubage. Au large se trouve
le *Brighton VI*, inactif. On est en 1960, et le service, pour l'hiver, a été interrompu. La réussite de cette photo
m'a doublement fait plaisir, car je l'ai prise avec un appareil qui est un compromis entre un appareil
à plaques et un à pellicules : cet appareil d'ailleurs, fonctionne toujours !

*155 - Brighton VI passes through the "narrows" as she enters Newhaven in 1961. One appreciates the crew's need for a galley - but what a pity the stove-pipe had to be so obtrusive.*

155 - Le *Brighton VI* passe le "goulet", en entrant dans le port de Newhaven, en 1961. On comprend que l'équipage réclame une coquerie, mais quel dommage que le tuyau de poêle soit tellement voyant.

Photo Ambrose Greenway

*156 - A vessel with delightful lines, Brighton's life at Newhaven was to be cut short with the car ferry introduction. She was sold in December 1966 to Jersey Lines Ltd, and given the name* La Duchesse de Bretagne. *She went to Antwerp for refit and to have ramps fitted to facilitate the loading of about 20 cars. She was given a punishing schedule to keep, incorporating Torquay, Weymouth, the Channel Islands and St. Malo. Bankruptcy saw her broken up at Bruges in 1970.*

156 - Le *Brighton* est un navire dont la ligne est ravissante, mais sa vie à Newhaven, est abrégée par l'introduction des car-ferries. Il est vendu en décembre 1966 à "Jersey Lines Ltd", qui le rebaptise *La Duchesse de Bretagne*. Il est envoyé à Anvers pour un réarmement qui comprend l'installation de rampes destinées au chargement d'environ 20 voitures. L'horaire qu'il doit assurer entre Torquay Weymouth, les îles anglo-normandes et Saint-Malo est exténuant.
Suite à la faillite de la compagnie, il est envoyé à la casse en 1970.

*157 - A very new style of passenger boat was launched in 1952 for the French partners, the 2,946 tonnes*
Lisieux. *As with* Brighton, *the rigid upright stem was dispensed with, and forward, the* Lisieux *almost sported the lines of a speed boat. She was fast too, with 25.5 knots being credited to her. In this picture, she is entering Newhaven on her maiden voyage in 1953.*

157 - Un style de navire tout à fait nouveau est lancé pour les partenaires français en 1952 : le *Lisieux*, qui jauge 2.946 tonneaux. Pour ce dernier, ainsi que pour le *Brighton,* on remplace la proue droite et abrupte par une étrave qui donne presque l'illusion de celle d'une vedette.
De plus, il est droit, capable d'une vitesse de 25 nœuds et demi. Sur cette photo, il entre dans le port de Newhaven lors de sa traversée inaugurale, en 1953.

*158 - S.S.* Lisieux :
*another occasion for flags. This is the opening of the new Maritime Station at Dieppe on 3 July 1953. At this angle, the strombus-type funnel is viewed at its worst, however functional.
In profile, it agreed with the general soft curvature of the vessel and overall the* Lisieux *could be described as graceful.* Brighton VI *is beyond.*

158 - Le SS *Lisieux* : encore l'occasion de pavoiser. C'est l'inauguration de la nouvelle gare maritime à Dieppe, le 3 juillet 1953. Vue sous cet angle, la cheminée au profil aérodynamique, si fonctionnelle soit elle, a une apparence plutôt laide. Vue de profil, pourtant, elle s'accorde bien avec la douce courbure de la silhouette du navire, et le *Lisieux* donne une impression globale d'élégance.
A l'arrière-plan on voit le *Brighton VI.*

*159 - Lisieux passes through the harbour narrows at Newhaven, the afternoon boat. The signal mast, with flag flying, displays black '"state of tide" balls. The railway-style signal alongside the lighthouse, at horizontal, permits entry but no exit. Dredger Foremost Prince is at work. The fort moat (foreground), after infill, now sports tiers of flats and houses.*

159 - Le *Lisieux* franchit le "goulet" du port de Newhaven, en service d'après-midi.
En haut du sémaphore qui indique l'état de la marée à l'aide des ballons noirs, on voit un pavillon.
Un autre sémaphore du style des chemins de fer, à côté du phare, est en position horizontale,
indiquant qu'on a le droit d'entrer mais pas de sortir. On a maintenant bouché les douves du fort
et on y a construit des appartements et des maisons qu'on voit au premier plan.

*160 - Fortunately, it was an ocean-going yacht which brought me so near to the* Lisieux *in 1961 when I "caught" the French steamer racing towards Newhaven, leaving a disturbing wash. The cliffs are the famous Seven Sisters which connect with Beachy Head, hidden behind the vessel's bow.*

160 - Heureusement, j'étais sur un yacht de haute mer quand je me suis approché si près du *Lisieux* en 1961.
J'ai pu "faire un cliché" du navire français qui se dirige sur Newhaven, à toute vapeur,
laissant un sillage inquiétant. Les falaises sont les célèbres "Seven Sisters" (les "sept sœurs"),
reliées à la falaise de Beachy Head, qui est cachée derrière la poupe du navire.

*161* - Lisieux *makes a charming picture as she enters Newhaven, the afternoon boat. The foreground deserves special notice for changes are taking place. The old circular signal station (foreground) has been relieved of its railings, bench seats and mast. The latter is being repositioned alongside the west pier lighthouse. As ever, spectators gather to "see the boat in" ! Owing to a foundation slip, the lighthouse was demolished in 1977.*

Photo Ken Eborn

161 - Une vision charmante du *Lisieux*, entrant dans le port de Newhaven, l'après-midi.
Le premier plan mérite une attention particulière car des modifications sont en cours.
On a enlevé la balustrade, les bancs et le mât de l'ancienne station de sémaphore (au premier plan)
et on réinstalle le mât à côté du phare de la jetée Ouest. Comme d'habitude, il y a des spectateurs pour
l'arrivée du bateau ! Le phare sera démoli en 1977 à la suite d'un glissement de terrain, sous ses fondations.

*162 - When I "popped" up to the fort approach and took this picture at 7.30p.m. on Friday 25 September 1964, my intention was to capture together the entire fleet of this period whereas in fact I was recording the birth and death of two nautical eras. Left to right :* Falaise, Lisieux, *and* Arromanches *outside of* Brighton VI.

162 - Quand j'avais "fait un saut" aux abords du fort pour prendre cette photo à 19 heures 30, le vendredi 25 septembre 1964, j'avais l'intention d'immortaliser l'ensemble de la flotte entière de cette époque, alors qu'en réalité je fixais la naissance d'une ère nautique et la mort d'une autre.
De gauche à droite : le *Falaise*, le *Lisieux* et l'*Arromanches*, de l'autre côté du *Brighton VI*.

*163 - A very impressive view of a well-loaded* Lisieux *leaving Newhaven in 1961. I wondered how long the decks would remain crowded when the vessel ploughed into the heavy seas beyond the breakwater.*

163 - Scène impressionnante d'un *Lisieux* surchargé qui appareille de Newhaven en 1961.
Quand j'ai pris cette photo, je me suis demandé combien de temps, tout ce monde resterait sur le pont quand le navire affronterait la forte houle, au large du brise-lames.

*164 - Into a new world, the* Lisieux *goes Greek. This 313 feet long, five deck ship made her last sailing from Newhaven on 26 June 1965. She was switched to charter work between St. Malo and Jersey with other excursion operations, but like the* Brighton *to follow, the effort was not successful. She was sold in February 1966 to Greek owners. Seen here in 1977 as the* Apollon, *she was operating between Piraeus and the Cyclades. White funnel with green top.*

164 - Parti dans un nouveau monde, le *Lisieux* devient grec. Ce navire à cinq ponts, qui fait 95,4 m hors-tout, appareille de Newhaven pour la dernière fois, le 26 juin 1965. On le transfère, sous contrat d'affrètement, au service Saint-Malo-Jersey et pour assurer d'autres excursions ponctuelles ; mais, comme on le constatera ultérieurement pour le *Brighton,* cette tentative n'a pas de succès. On le vend à une compagnie grecque en février 1966. Sur cette photo de 1977, on le voit rebaptisé l'*Apollon,* en service entre le Pirée et les Cyclades. Cheminée blanche avec le haut vert.

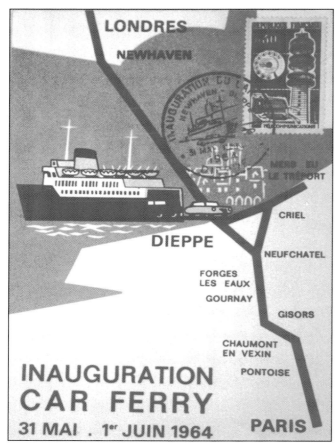

LONDRES
NEWHAVEN

CRIEL

DIEPPE

NEUFCHATEL

FORGES
LES EAUX
GOURNAY

GISORS

CHAUMONT
EN VEXIN
PONTOISE

INAUGURATION
CAR FERRY
31 MAI . 1er JUIN 1964          PARIS

*Coll. Claude Féron*

*165 - This advertisement marks the Inauguration of the Car Ferry Service.*

165 - C'est la fête à Dieppe et à Newhaven les 31 mai et 1er juin 1964. Après les essais concluants effectués par le *Compiègne*, le *Falaise* inaugure les nouvelles installations portuaires pour désormais recevoir les car-ferries tant à Dieppe qu'à Newhaven. C'est une modernisation qui marquera dans les annales de la Ligne, aussi bien que l'apparition des paquebots à roues qui remplacèrent ceux à voiles, puis l'hélice, la radio à bord, le mazout comme carburant.

*165 a - It was a day of great jubilation and hope at Newhaven on 1 June 1964 for this brought the inauguration of a new car ferry service. The 3,710 tonne steamer*

Falaise *had been withdrawn from the Southampton service and converted. Capable of carrying 100 cars, or less with so many lorries, she could still accommodate 700 passengers. With flags flying, she leaves Newhaven on her maiden voyage. Rear right,* Brighton VI.

165 a - Nous sommes le 1er juin 1964, journée de réjouissance et d'espoir à Newhaven, car on inaugure un nouveau service de car-ferries. Le *Falaise,* un vapeur de 3.710 tonneaux, a été retiré du service de Southampton. Il est capable de transporter 100 voitures ou un maximum de voitures et quelques camions en complément, mais il garde pourtant assez de place pour 700 passagers. Pavoisé, il appareille de Newhaven lors de sa traversée inaugurale. A l'arrière-plan, à droite : le *Brighton VI.*

*165 b - Here leaving Dieppe is the car ferry* Falaise *with the new Linkspan at the quay Henri IV.
This packet boat was launched in 1947 and later converted for use as a car ferry.*

165 b - Voici le car ferry *"Falaise"* quittant Dieppe et les nouvelles installations du quai Henri IV.
Ce paquebot anglais fut lancé en 1947 et transformé plus tard en car-ferry.

*166 - For some reason, it was decided in 1966 to lessen the black top of the funnel and expose more buff yellow behind the ventilators. It did not make her look like the* Brighton, *and after a while, the depth of black was restored with eventually the houseflag being painted over each side of the buff.*

166 - Pour une raison indéterminée, on décide en 1966 de réduire le haut, noir, de la cheminée et de mettre en évidence la couleur jaune chamois, derrière les ventilateurs. Cela n'apporte rien au fait que le navire ne ressemble pas au *Brighton*, plus tard, on lui rend sa partie noire et, finalement, on superpose le pavillon de la compagnie à la partie jaune, sur les deux côtés de la cheminée.

Photo Philip James

*167 - The pioneer, in her last guise, on the Newhaven-Dieppe run. Built in 1947 by Denny Bros for the Southampton-St Malo route, as a passenger-only steamer,* Falaise *had a service speed of 20.5 knots. She sported a bow rudder and stabilisers, but sadly no bow thrust, which limited her manoeuvrability. She was very prone to "wandering", her main rudder being under-sized. Transferred to the Weymouth route in 1973, she was broken up in Spain in 1975.*

167 - Le dernier aspect du pionnier, sur le trajet de Newhaven à Dieppe. Le *Falaise* est construit en 1947 par Denny Bros pour le service Southampton - Saint-Malo, comme vapeur destiné exclusivement aux passagers à pied. Sa vitesse de croisière est de 20 nœuds et demi. Il est doté d'un gouvernail d'épave et de stabilisateurs, mais malheureusement il n'a pas de propulseurs d'étrave, un défaut qui limite sa manœuvrabilité. Il a une forte tendance à dévier, son gouvernail principal étant trop petit. Il est transféré au service de Weymouth en 1973, et mis à la casse en Espagne, en 1975.

*168 -Like the* Falaise *the next two car ferries were stern loading only.* Villandry *came from the French yards in 1965 and introduced a completely new style of purpose built vessel : gyro compass, bow thrusters, twin rudders aft and bow rudder, and for the first time on this service (with the exception of post-war screws) diesel engines which turned propellers with variable pitch blades.*
Villandry *reverses past the* Durango *in July 1974.*

168 - Comme le *Falaise*, les deux car-ferries qui suivent, se chargent uniquement par l'arrière. Le *Villandry* est livré en provenance de chantiers français, en 1965, et il innove un style de navire construit spécialement pour le transport des voitures. Il est doté d'un gyrocompas, de propulseurs d'étrave, de deux gouvernails principaux et d'un gouvernail d'étrave, et pour la première fois sur la Ligne Newhaven-Dieppe (à l'exception des cargos de l'après-guerre), de machines de type diesel qui font tourner des hélices à pas réglable.
Le *Villandry* croise le *Durango* en machine arrière, en juillet 1974.

*169 - M. V.* Villandry *swings at the Newhaven berth on 18 March 1979. Her after-bridge was removed by May 1977. She undertook extreme modifications when her upperworks were cut and raised, aft, from near the passenger entry doors. At this time, the bow was converted to opening and the funnel top raised, the latter a considerable improvement in profile.*

169 - Le MV *Villandry* évide dans le bassin de Newhaven, le 18 mars 1979. On a enlevé sa passerelle arrière en mai 1977. On lui a apporté des modifications importantes : on a coupé et haussé le niveau de la partie de la superstructure à l'arrière des portes des passagers, et la proue a été adaptée pour le chargement de voitures. La hauteur de la cheminée a été augmentée, ce qui améliore considérablement le profil du navire.

*170 - "Kiss me quick" !* Villandry *and* Valençay *huddle together at the original Railway Wharf of 1847. A second ramp has since been installed here. On this occasion (at the end of August 1980) the ferries were unable to dock at Dieppe owing to a fishermen's blockade of the harbour.* Chantilly *looking like the two "V"s in their early days, spent about a year on the service, until the arrival of* Versailles II *in 1987.*

170 - Embrasse-moi ! Le *Villandry* et le *Valençay* se blottissent à Newhaven, au premier quai des chemins de fer, qui date de 1847, (une deuxième rampe sera installée plus tard, à cet endroit).
On est à la fin d'août 1980 ; les pêcheurs bloquent le port de Dieppe et les car-ferries ne peuvent plus y accoster. Le *Chantilly,* qui ressemble aux deux "V" dans leur jeunesse, est employé par la Ligne pendant environ un an, jusqu'à l'arrivée du *Versailles II* en 1987.

*171 - M.V.* Valençay *reverses into Newhaven in the summer of 1971. At this time, she is still sternloading only, hence the after bridge. With a speed of 21 knots and a pretty trouble-free career these sisters seemed to plod on like very reliable lorries and gave excellent service.*

*171 -* Le MV *Valençay* entre dans le port de Newhaven en machine arrière, pendant l'été de 1971. A cette époque il est toujours à chargement uniquement par l'arrière, ce qui explique la présence de la passerelle arrière. La vitesse des deux sister-ships est de 21 nœuds. Leur carrière se déroule sans problèmes majeurs ; ils semblent tenir la route comme des camions très solides, et ils donnent un service de qualité excellente.

Photo Claude Féron.

*171 a - The* Valençay *and the* Senlac *rest at the quay Henri IV, Dieppe.*
*The usual gathering of spectators, local and tourist, lounge at this popular vantage point.*

171 a - La ville allait perdre cet attrait touristique. Ces images de l'avant-port avec en exemple,
ces deux car-ferries accostés, le *Valençay* et le *Senlac*, vont bientôt disparaître pour d'autres vues sur
un important port de plaisance qui manquait. Le 6 décembre 1984, un protocole d'accord était signé entre
la S.N.C.F, la Ville de Dieppe et la Chambre de Commerce et d'Industrie, mais il ne fut appliqué qu'en 1985.
Il s'agissait de maintenir la Ligne Dieppe-Newhaven pendant un minimum de quatre années.
C'était surtout pour la répartition des risques. L'accord (paru dans le journal local
"Les Informations Dieppoises" du 11 décembre 1984), s'inscrivait dans le cadre du plan présenté
par la S.N.C.F., qui prévoit le maintien de trois navires dont le *Chartres* et le *Senlac* et l'ouverture
d'une Ligne Dieppe-Portsmouth qui pourrait être assurée avec le *Transcontainer I.*

*171 b -*
*The* Villandry *at the Linkspan at the quay Henri IV at Dieppe. This installation ceased in 1995 in view of the opening of the new Terminal Trans-Manche on 4th August 1994.*

171 b -
La passerelle, quai Henri-IV. On aperçoit à l'extrémité, les deux "V" : le *Villandry* puis le *Valençay.*

Ces installations disparurent en 1995, à la suite de la mise en service, le 4 août 1994, du nouveau Terminal Trans-Manche, au Pollet (faubourg de Dieppe).

*171 c - Collapse of the first link span at Dieppe. This tragedy cost a Spanish lorry driver his life.*

171c -
L'écroulement de la première partie de la passerelle à Dieppe. Cette tragédie a couté la vie à un camionneur espagnol.

*171 d -*
*March 1995,*
Stena Londoner *has a disagreement with the lifting gear of the linkspan at Newhaven.*

171 d -
Mars 1995,
*Stena Londoner* a embouti le système de lever de la passerelle à Newhaven.

Photo Philip James

*172* - Valençay *leaves Newhaven at 3p.m. on Saturday 7 September 1974, into the teeth of a real Channel gale. Philip James, who took a series of pictures as the ferry left, was able to anchor himself to the cliff-top with his telephoto camera and secure a unique record. The* Valençay *still had a fixed bow at this time, which may explain why it was deemed safe to make the crossing.*

172 - Le *Valençay* appareille de Newhaven, à 15 heures, le samedi 7 septembre 1974, affrontant une forte tempête en Manche. Philip James, qui prend une série de photos de l'appareillage du car-ferry, arrive à se maintenir en haut de la falaise, avec son appareil équipé d'un téléobjectif, pour enregistrer un document unique. La proue du *Valençay* n'est pas encore adaptée pour s'ouvrir, ce qui explique peut-être la raison pour laquelle on juge le navire assez sûr, pour faire la traversée.

*173 - In from a choppy sea outside,* Valençay *reaches the shelter of the western breakwater as she heads for the harbour entrance. These agreeable twins of the 1965-1984 period would probably be well described as good workhorses. Both "V" boats were sold in 1984 to Agapitos Bros for work in the Mediterranean.* Villandry *was replaced by* Chartres *in 1982 and* Valençay *by the chartered* Cornouailles *in 1984.*

173 - Au retour d'une traversée agitée, le *Valençay* rejoint l'abri du brise-lames Ouest, en direction de l'entrée du port. On pourrait qualifier de bons battants, ces navires jumeaux de la période 1965-1984. Ils sont tous deux vendus en 1984, à la compagnie grecque "Agapitos", pour naviguer sur la Méditerranée. Le *Villandry* est remplacé par le *Chartres*, en 1982, et le *Valençay*, en 1984, par le *Cornouailles*, sous contrat d'affrètement.

*174 - A sad get-together, of a shipping mixture. A national seamen's strike provides the camera with the*
Villandry *(far outside), with* Valençay *at the ramp, (centre) the* Falaise *and (near)*
Brighton VI *(about to be sold). The year was 1966.*

174 - On est en 1966. Un triste regroupement de navires. Une grève nationale des marins donne l'occasion
de photographier le *Villandry* (à l'arrière plan) ; le *Valençay* accosté à la rampe (au centre), le *Falaise*
et (au premier plan) le *Brighton VI* (qui sera bientôt vendu).

*175 - M.V.* Capitaine Le Goff *makes her maiden entry to Newhaven at 1 p.m. on Thursday 27 July 1972.
Introduced for freight Ro-Ro only, she could carry 50 cars and 50 lorries at a service speed of 15 knots. Her
name was chosen in memory of the master of the ill-fated screw* Rennes II *(1925-1940) - (see picture 88 for
sister* Maine *of 1910).* Rennes *had loaded explosives at Cherbourg for dock demolition at Dunkirk with the
1940 evacuation : ship, captain and a crew of 21 set off and were never heard of again.*

175 - Le MV *Capitaine Le Goff,* entre pour la première fois dans le port de Newhaven, à 13 heures,
le jeudi 27 juillet 1972. On l'arme en Ro-Ro pour le frêt uniquement ; il y a de la place pour 50 voitures
et 50 camions, que le navire peut transporter à une vitesse de croisière de 15 nœuds. Il est à la mémoire
du capitaine du cargo infortuné *Rennes II* (1925-1940) (voir n° 88, la photo de son sister-ship, le *Maine*,
de 1910). Ce navire a été chargé d'explosifs à Cherbourg pour la démolition des docks, lors de l'évacuation
de Dunkerque : appareillé avec son capitaine et son équipage de 21 personnes,
on n'a jamais retrouvé trace du navire.

*176 - Will she fit ? The popular M.V.* Senlac *of 1973, fills the harbour as she swings before leaving* Newhaven. *Her sisters* Hengist *and* Horsa *were based at Folkestone. The houseflag clearly adorns her black and buff funnel. With a tonnage of 5,590, she could carry 1,400 passengers, 210 cars or 25 lorries at a speed of 19.5 knots. Like her running companions, the two "V" boats, she could be completely controlled from the bridge.*

176 - Ça ira ? Le populaire MV *Senlac* occupe tout l'espace du bassin de Newhaven quand il évide avant l'appareillage. Ses sister-ships le *Hengist* et le *Horsa* sont basés à Folkestone. Le pavillon de la compagnie est bien visible sur la cheminée noire et jaune chamois. Il jauge 5.590 tonneaux et peut transporter 1.400 passagers, 210 voitures ou 25 camions à une vitesse de 19,5 nœuds. De la même façon que le *Villandry* et le *Valençay,* toute manœuvre du *Senlac* peut être commandée de la passerelle.

*177 - Yet another disagreement causes a "full house". This picture of 15 August 1980, shows the* Villandry *(near) alongside* Valençay, *with* Senlac *at the lay-by berth. Beyond is M.V.* Ulidia, *built in 1971 as the* Stena Carrier. *The local ferries were "grounded', because of a fishermen's blockade of Dieppe harbour.*

177 - Le bassin est rempli de navires, encore une fois, à cause d'un conflit. Sur cette photo du 15 août 1980, on voit le *Villandry* (au premier plan), le *Valençay* en couple et le *Senlac* au poste d'amarrage, en retrait. Plus loin se trouve le MV *Ulidia,* construit en 1971 sous le nom du *"Stena Carrier".* Tous les ferries sont "consignés" parce que les pêcheurs font le blocus du port de Dieppe.

*178 - "Piling on the Agony".* Senlac's *anchor went down on Thursday 14 January 1982, when the crew staged a sit-in at the ramp. In this photograph, taken in the late morning of Tuesday 9 February, the ship had just been "dressed" to declare a successful end to the dispute. Sadly, the jubilation was to last only three more years.*

178 - "Ils en rajoutent". On a jeté l'ancre du *Senlac*, le jeudi 14 janvier 1982, quand les membres de l'équipage ont organisé une grève sur le tas, à la rampe. Sur cette photo, tard le matin du mardi 9 février, on vient de pavoiser le navire pour fêter une issue favorable au conflit. Malheureusement, la satisfaction générale ne durera pas plus de trois ans.

*178 a - A union meeting involved with the "Save our Senlac" sit-in.*

178 a - Une assemblée du syndicat qui participe à la démonstration.

*178 b - The sit-in strike came to an end with "Thanks Newhaven" and a coating of snow.*

178 b - La grève se termine par un "Merci à Newhaven" et une couverture de neige.

*179 - When an amusing situation presents itself, one cannot be concerned for the foreground. The title is "Feeding Time, Newhaven Harbour". Left is M.V.* Cornouailles *(Cornwall) chartered by S.N.C.F., 1984-1985, to replace* Valençay, *and in turn, she was replaced by* Chantilly *in 1986. Private freight Ro-Ro* Exxtor I *at quay (right),* Senlac *(near right) having just returned from a "D" Day anniversary cruise. Some re-shuffling was needed ! At 5.25p.m. Wednesday 6th June 1984.*

179 - Lorsqu'une situation cocasse se présente, on laisse de côté le premier plan. L'intitulé de cette photo est "Le port de Newhaven-l'heure de la pâture". A gauche, on voit le MV *Cornouailles*, affrété par la SNCF en 1984-1985, pour remplacer le *Valençay* ; en alternance, il est remplacé par le *Chantilly* dès 1986. Sur la droite se trouve le cargo Ro-Ro privé *Exxtor I*, à quai, et le *Senlac* qui vient de rentrer d'une croisière pour commémorer l'anniversaire du débarquement. Il a fallu un peu de réorganisation pour trouver de la place ! Il est 17 heures 25, ce mercredi 6 juin 1984.

*180 - M.V.* Senlac *leaving Newhaven, with a proud British crew. A most popular vessel, she might well have remained under French management, but the* Chartres *was chosen instead, for the latter could also be switched to train-ferry service.* Senlac *made her last English-manned crossing outward from Newhaven at 10a.m. on 31 January 1985, returning at 8p.m., closing down at 10p.m. Master was Captain John Payne.*

180 - Le MV *Senlac* appareille de Newhaven avec son fier équipage britannique.
C'est un navire très populaire qui aurait pu garder du service sous la nouvelle direction française, mais on choisit le *Chartres*, ce dernier pouvant servir de ferry-boat pour les trains. Le *Senlac* fait sa dernière traversée avec son équipage anglais, le 31 janvier 1985 ; il appareille de Newhaven à 10 heures, rentre à 20 heures, et achève sa carrière, à 22 heures. Le commandant est alors le capitaine John Payne.

Photo Trevor Cox

*181 - S N.C.F., having bought out the remaining third of* Senlac, *gave her their red and black funnel, with registry at Dieppe instead of London. With the arrival of* Versailles II, *she was chartered to "B & I" for the summer of 1987, between Fishguard and Rosslare. The next move was her sale to "Ventouris Ferries" of Greece, where she now operates as the* Apollo Express. Senlac *("Lake of Blood"), field of the Battle of Hastings and all that ! If the murals and motifs depicting this great event still embellish the vessels interior - what a puzzle for the tourists !*

181 - La SNCF rachète le tiers du *Senlac*, non encore en sa possession. La cheminée du navire est repeinte en rouge et noir, et son port d'attache devient Dieppe, au lieu de Londres. Avec l'arrivée du *Versailles II*, il est pris sous contrat d'affrètement par la Ligne "B & I" durant l'été de 1987, pour assurer le service entre Fishguard et Rosslare. Ensuite, il est vendu à la compagnie grecque "Ventouris Ferries", pour laquelle, il navigue encore sous le nom d'*Apollo Express*. Le *Senlac* (le "Lac de Sang"), a été baptisé en souvenir de la bataille de Hastings. Si l'intérieur du navire est toujours garni de peintures murales et de motifs qui évoquent ce thème, les touristes doivent être bien perplexes !

Photo Philip James

*182 - M.V.* Chartres, *not the prettiest of vessels, was built in 1974 for S.N.C.F. to be used on the short sea routes or as a train ferry on the Dunkerque-Dover run. She replaced* Villandry *at Newhaven in 1982, with rail tracks covered.* Chartres *had a tonnage of 4,586, length of 115.5 metres, speed 20.5 knots, could cary 1,400 passengers, 226 cars or 30 lorries. She left the route in January 1990, reverting to train ferry duties in the Dover straits in ALA livery. The year 1991 saw her carrying French troops and supplies to and from Saudi Arabia during the Gulf War.*

*182 -* Le MV *Chartres* n'est pas le plus beau navire qu'on puisse voir. Il est construit pour la SNCF, en 1974, pour assurer les courtes traversées de la Manche, ou pour servir de ferry-boat pour les trains entre Dunkerque et Douvres. Avec ses rails recouverts, il vient remplacer le *Villandry* à Newhaven, en 1982. Il jauge 4.586 tonneaux et il mesure 115,5 m de long ; sa vitesse est de 20,5 nœuds. Il peut transporter 1.400 passagers, 226 voitures ou 30 camions. Il quitte la Ligne en janvier 1990 et retrouve sa fonction de ferry-boat, dans le Pas-de-Calais, sous pavillon de la compagnie ALA. Pendant la guerre du Golf en 1991, le *Chartres* transporte des troupes françaises et des approvisionnements en Arabie Saoudite.

*182 a -* Chartres : *"Just one of those things" ! 13 January 1983. Note the two rail tracks for alternative use.*

182 a - *Chartres :* "Rien qu'une de ces petites choses" ! 13 janvier 1983.
On remarque les traces de deux rails pour emploi alternatif.

182 b - *After the dramatic experience of 25 January 1990 the* Chartres, *still with considerable list, at the quayside with much evidence of salvage work after her encounter with the pier on entering Dieppe.*

182 b - Après sa mésaventure dramatique du 25 janvier 1990, le *Chartre*s gîte dangereusement. Il est à quai, montrant toute la récupération qui sera nécessaire après sa "rencontre" avec la jetée alors qu'il entrait dans le port de Dieppe.

Photo Paul Bonmartel

*183 - The* Versailles II *was the big improvement the Newhaven route was looking for and replaced the* Senlac *and* Chantilly *in one go. She was built in 1974 for Stena's Gothenburg-Frederikshavn service as the* Stena Danica. *In 1977, her upper car deck was raised to carry lorries on two levels. In a 1983 charter, she became* Stena Nordica *and later* Stena Nautica *of 6,737 tonnes, 125 metres long, a speed of 20 knots, carrying 1,700 passengers, 330 cars or 50 lorries. £2 million was spent on further upgrading her facilities during her 1990-1991 refit. Here as an "unmarked" ship on swinging trials at Newhaven on Thursday morning, 20 November 1986.*

183 - Le *Versailles II* incarne la grande amélioration recherchée par la Ligne Newhaven-Dieppe : il assure la relève dans le même temps du *Senlac* et du *Chantilly*. Il est construit en 1974 pour le service de la Stena, entre Göteborg et Frederikshavn et on le baptise *Stena Danica*. En 1977, on rehausse le niveau du pont supérieur des voitures pour permettre le transport de camions sur deux ponts superposés. Sous contrat d'affrètement en 1983, on le rebaptise *Stena Nordica* et, plus tard, *Stena Nautica*. Il jauge 6.737 tonneaux, il mesure 125 m de long et il peut transporter 1.700 passagers, 330 voitures ou 50 camions à une vitesse de 20 nœuds. En 1990-1991, pour moderniser encore ses équipements, on dépense 2 milliards de francs. Sur cette photo, il n'a pas de marques de reconnaissance ; il fait des essais d'évidage dans le bassin de Newhaven, le matin du jeudi 20 novembre 1986.

*183 b - In 1987, the* Versailles II *at the Dieppe quay. A handsome ship with a silhouette deserving admiration. M.V.* Senlac *is to the rear.*

183 b -En 1987, le *Versailles II* et le *Senlac,* à quai, à Dieppe.
Un beau navire, une silhouette qui attire les regards.

*184 - Champs Elysees, the largest and most opulent ferry on this service. When built in 1984 she joined her near sister* Côte d'Azur *on the Calais-Dover run, with a short spell on the Boulogne route. She was of 9,069 tonnes, a length of 130 metres, speed of 20 knots, 1,800 passengers carried, 330 cars or 54 lorries. Here this fine vessel swings at 10.30 a.m. on Monday 2 July 1990, as she leaves on her maiden crossing out from Newhaven.*

184 - Le *Champs-Elysées*, le navire le plus grand et le plus luxueux qu'on ait jamais vu sur la Ligne. Construit en 1984, il assure le service Calais-Douvres avec son sister-ship le *Côte d'Azur,* puis il est transféré à Boulogne-sur-Mer pendant une courte période. Il jauge 9.069 tonneaux, mesure 130 m de long, et peut transporter 1.800 passagers, 330 voitures ou 54 camions à une vitesse de 20 nœuds. Sur cette photo, ce splendide navire évide dans le port de Newhaven pour sa première traversée, le lundi 2 juillet 1990.

*184 a - It was customary for the Newhaven Lifeboat to follow the morning ferry out on a Sunday when embarking on weekly exercises. Anticipating a short distance race between the two vessels, I was disappointed when I realised the* Champs Elysees *was going out stern first at 10.30a.m. on Sunday, 5 August 1990. On reflection, perhaps the water line shot was due compensation.*

184 a - Tous les dimanches, c'était la coutume pour le bateau de sauvetage de Newhaven, d'appareiller pour ses manœuvres hebdomadaires dans le sillage du ferry du matin. A 10 h. 30, le dimanche 5 août 1990, m'attendant à une course sur une courte distance entre les deux bateaux, j'ai été déçu quand je me suis rendu compte que le *Champs-Elysées* partait en machine arrière. Toute réflexion faite, je crois que cette photo prise au niveau de la ligne de flottaison, compense ma déception.

*185 - The* Stena Parisien *at Newhaven in moonlight, July 1993*

185 - Le *Stena Parisien* au clair de lune à Newhaven, juillet 1993.

*185 a - Looking aft from the bridge of the* Stena Parisien *on its way to Newhaven on Tuesday 25 June 1996. The cliffs of Dieppe can be seen in the background.*

185 - En ce mardi 25 juin 1996, au large de Dieppe dont on aperçoit encore les falaises,

*186 - A striking picture of a car ferry the* Stena Londoner *moves to the quayside at the outer harbour, Dieppe.*

186 - Le *Stena Londoner* arrivant de Newhaven et s'apprêtant à accoster. Une des dernières images sympathiques du car-ferry entrant dans l'avant-port, à Dieppe.

*187 - The* Stena Londoner *moored at the second linkspan, quay Guynemer at the inner harbour of Dieppe.*

187 - Le *Stena Londoner*, accosté à la seconde passerelle, au quai Guynemer, dans l'arrière-port de Dieppe.

*188 - Quay Henri IV in Dieppe. The high silhouette of the* Stena Londoner *is impressive.*
*Still in the picture is part of the harbour station now demolished.*

188 - Quai Henri IV, à Dieppe. La haute silhouette d'un car-ferry est impressionnante.
Sur la droite, (en partie), la gare maritime aujourd'hui disparue.

*189 - At the quay Henri IV, June 1994 the* Stena Parisien *awaiting departure.*

189 - Dans l'attente de son départ pour Newhaven, le *Stena Parisien*, accosté au quai Henri IV, en juin 1994.

*190 - The* Stena Parisien, *dressed overall, arrives at the new Terminal for the Inauguration ceremony on 25 July 1994. The service from this berth commenced on 4 August 1994.*

190 - C'est jour d'inauguration du nouveau Terminal qui entrera en service le 4 août 1994.
Cette inauguration eut lieu le 25 juillet. Et, après avoir franchi les jetées dieppoises,
le *Stena Parisien*, grands pavois dehors, se présente.

*191 - A close up of the* Stena Parisien *after arriving from Newhaven with passengers,
including official guests from Great Britain...*

191 - Une vue rapprochée du *Stena Parisien* arrivant de Newhaven, bondé de passagers, d'invités,
parmi lesquels les autorités britanniques s'apprêtant à débarquer...

*192 - ...and to walk for the first time on the brand-new pedestrian linkway.*

192 - ...et à franchir pour la première fois, la passerelle "piétons", toute neuve !

*193 - On land, the symbolic inauguration ribbon has just been cut by Charles Revet, President of the Regional Council of Seine Maritime, who offers a piece of it as a souvenir to Jean-Paul Lalitte, President of the Chamber of Commerce and Industry of Dieppe, in the presence of Philippe Pontaven, sub-prefect, Antoine Rufenacht, President of the County Council and Daniel Renault, general council member and mayor of Luneray.*

193 - A terre, le ruban symbolique d'inauguration vient d'être coupé par Charles Revet, président du Conseil Général de Seine-Maritime, qui en offre un morceau en souvenir, à Jean-Paul Lalitte, président de la Chambre de Commerce et d'Industrie de Dieppe, en présence de Philippe Pontaven, sous-préfet, d'Antoine Rufenacht, président du Conseil Régional et de Daniel Renault, conseiller général et maire de Luneray.

*194 - The service commenced on 4 August 1994 continues to this day from this new Terminal. The* Stena Parisien *is seen in this picture.*

194 - Le mardi 4 août 1994, le service Trans-Manche s'effectue désormais à partir de ce nouveau Terminal dieppois, (ou gare maritime).

Photo Claude Féron

*194 a - The* Marine Evangéline *came to Dieppe, on Wednesday 21st June 1995 to carry out technical tests and also to Newhaven for similar berthing trials. "Stena Sealink" planned to charter it for four months on a regular service to enable the two conventional ferries to carry more passengers with cars the following summer. She had already previously been chartered for the service by the "SNAT" company in 1986.*

194 a - Le *Marine Evangeline* vint à Dieppe, le mercredi 21 juin 1995, effectuer des essais techniques et repartit vers Newhaven, pour d'autres essais semblables à la rampe du Terminal ferry. La société "Stena Sealink" prévoit en effet de l'affréter pour une durée de quatre mois à un service régulier, afin de permettre aux *Stena Parisien* et *Londoner* de prendre davantage de passagers pour la prochaine période estivale. Ce navire était déjà venu à Dieppe affrété sur la Ligne Transmanche par la SNAT, en 1986.

Photo Peter Bailey

*195 - From the new outside harbour at Dieppe the* Stena Parisien *is manoeuvred to the sea in the capable hands of Captain François Capitan (on the left). (25 June 1996).*

195 - Le commandant François Capitan (à gauche), assure la manœuvre d'accostage du *Stena Parisien*, au nouveau Terminal dieppois, en port extérieur. Pour Dieppe, c'est réalisé !

Pour Newhaven, il en est question. Un projet de port extérieur avec plans fut même établi, mais les autorités britanniques préférèrent ne pas donner suite. Et pourtant les gros navires, les car-ferries entre autres, ne tarderont pas à ne plus pouvoir entrer dans le port. (25 juin 1996).

*196 - In Newhaven, the* Stena Parisien *(Stena Sealink) is entering the harbour.*

196 - A Newhaven, le *Stena Parisien*, (Stena Sealink), entre au port.

*197 - The* Stena Londoner, *entering Newhaven, 22nd July 1995.*

197 - Le *Stena Londoner*, dans le chenal, à Newhaven, le 22 juillet 1995.
Le 1er janvier 1996, "Sealink-Voyages" et "Stena" rompent leurs accords.
"Sealink-Voyages", installée à Dieppe depuis juillet 1992, au premier étage de l'ancienne gare maritime du
Seajet, près le pont Jehan-Ango, ferme définitivement ses bureaux pendant que Stena ouvre à Paris,
un Centre de réservations par téléphone pour toutes les liaisons proposées par la Compagnie,
pour la France mais encore en direction de la Grande-Bretagne, l'Irlande et la Scandinavie.

*198 - The* Stena Parisien *passes the* Stena Londoner *moored at the quayside Newhaven 1993.*

198 - A Newhaven, en 1993, le *Stena Parisien* entre dans le port, doublant le *Stena Londoner,* à quai.

*199 - On 19th February 1996, at Newhaven, on the left, the* Stena Londoner *(Stena-Sealink) and on the right, the* Stena Parisien *(Stena Line), alongside the quay.*

199 - 19 février 1996, à Newhaven, à gauche, le *Stena Londoner* (Stena-Sealink) et à droite, le *Stena Parisien* (Stena Line) à quai.

*200 - The monohull* Stena Pegasus *operated for only a few months as she was not suitable for work in the English Channel.*

200 - Le monocoque *Stena Pégasus* n'assura le service que quelques mois seulement. Il n'était guère adapté à la navigation sur la Manche.

*201 - The* Stena Cambria *alongside the Linkspan at the quay Guynemer, inner harbour Dieppe. She replaced the* Stena Parisien *which departed 5 January 1997 to operate on the Dover-Calais line.*

201 - Le *Stena Cambria,* accosté à la seconde passerelle, quai Guynemer, dans l'arrière-port de Dieppe. Il remplaça le *Stena Parisien,* qui laissa le port de Dieppe, le 5 janvier 1997, pour naviguer sous le patronyme de *Manet,* sur la Ligne Calais-Douvres. Le *Stena Cambria* reviendra quelques mois plus tard pour ne rester que peu de temps sur la Ligne.

*202 - The* Stena Antrim *at the new ferry Terminal Dieppe, March 1997.*

202 - Le *Stena Antrim*, en mars 1997, accosté dans le port extérieur,
au nouveau Terminal dieppois des ferries.

*203 - The* Stena Antrim *at the new Dieppe Terminal viewed from the cliffs of Le Pollet.*

203 - Toujours le *Stena Antrim*, au Terminal dieppois des ferries, vu du haut de la falaise du Pollet.

*204 - Catamaran* Lynx III *at the new Dieppe Terminal on its first commercial crossing,*
*Monday 24th March 1997. It made the journey pier to pier in 1 hour 48 minutes.*

204 - Même à quai, le *Lynx III*, ou "perceur de vagues" comme on l'appelle, donne une impression
de puissance, de sprinter aussi. Solidement campé sur ses flotteurs, cette "étoile filante des mers"
assure le service à la satisfaction générale. Lors de sa première traversée commerciale, le lundi 24 mars
1997, le *Lynx III* ne mit qu'une heure quarante-huit minutes, de Dieppe à Newhaven, de jetée à jetée.

*205 - The* Lynx III *could make the crossing at 40 knots, equal to 74 km per hour.*

205 - C'est la troisième génération de ferries à grande vitesse.
Le *Lynx III* traverse maintenant la Manche à une vitesse de 40 nœuds, soit 74 km à l'heure...

*206 - The* Lynx III *was capable of carrying 640 passengers and 150 cars. Here seen leaving the new Dieppe terminal. In October 1996 Stena and P&O announced the merging of the three crossings : Calais-Dover, Zeebrugge-Dover and Dieppe-Newhaven, but this was to be referred to the British Monopolies Commission.*

206 - ...avec 640 passagers et 150 voitures, voici le *Lynx III* franchissant les jetées dieppoises, mettant le cap sur Newhaven. Durée de la traversée : deux heures quinze minutes tandis que le ferry classique met toujours trois heures quarante-cinq minutes. Les deux puissantes compagnies : "P&O et Stena Line", ont en octobre 1996, annoncé leur fusion sur les trois liaisons maritimes : Calais-Douvres, Zeebrugge-Douvres et Dieppe-Newhaven, mais fin novembre suivant, le Ministre du Commerce britannique renvoyait le projet de fusion devant la Commission des Monopoles.

*207 - The P & O* Stena Cambria *leaving the new terminal at Dieppe.*

207 - Le *Stena Cambria* sortant du port extérieur : cap sur Newhaven !
Quoi qu'il en soit, "Stena Line" maintient toujours, malgré les effets du tunnel sous la Manche, son ambition d'atteindre le chiffre d'un million de passagers pour l'année.
La nouvelle Compagnie rebaptisée "P&O-Stena" a pour but d'associer ses compétences et ses efforts afin de lutter plus efficacement contre la concurrence.

*Photo Claude Féron*

*208 - P & O Stena catamaran* Elite *followed the* Lynx III *into the service. The crossing time was 2 ¹/4 hours with 600 passengers and 150 cars aboard. In conjunction with a conventional ferry this enabled 5 return crossings daily. P&O European ferries held 60% interest in this service and Stena 40%. The* Cambria *could carry 1,300 passengers, 280 cars or 38 articulated lorries.*

208 - Le catamaran *Elite* fait suite au *Lynx III*. Toujours 2 h. 15 de traversée avec 600 passagers et 150 voitures. L'association de ces deux types de navires permet ainsi en saison estivale jusqu'à cinq allers-retours quotidiens.
Créée le 10 mars 1998, la nouvelle Compagnie se nomme "P&O - Stena Line". Autonome, elle appartient à la fois au groupe britannique "P&O Line European Ferries" (60%) et au groupe suédois "Stena Line" (40%). Le *Stena Cambria* réaménagé avec plus de confort, remplace le *Stena Antrim*. Il est aussi plus accueillant. Il peut transporter 1.300 passagers et 280 voitures ou 38 camions articulés et assure, seul, le service en cette période fort inquiétante pour le devenir de la Ligne.

*Photo Claude Féron*

*209 - The* Stena Cambria *has left Dieppe harbour as the* Elite *rounds the end of the west pier on its way to the terminal.*

209 - Le *Stena Cambria* vient de sortir du port de Dieppe tandis que l'*Elite* franchit les jetées pour accoster au Terminal.

*210 - The* Stena Cambria *was the only vessel to provide the service until 31st January 1999 before being sold to Zeebrugge.*

210 - Le *Stena Cambria* assura ensuite seul le service jusqu'au 31 janvier 1999 avant d'être vendu à Zeebrugge. Aussi, les dernières traversées furent tristes. Est-ce la fin de la Ligne Dieppe-Newhaven ?

*From August 1998 the Line was still very seriously at deadlock in spite of the interventions and steps of the elected representatives on each side of the Channel. The disappearance of the Line was inconceivable, but the elected representatives of the two countries were made aware of the situation and reacted. The Mayors of Dieppe and Newhaven launched a common campaign. On both sides the public and shopkeepers mobilized in support of this campaign. The Mayor of Dieppe, Christian Cuvilliez, arranged a public meeting at Dieppe's Town Hall on 30th October 1998. On 2nd November, a delegation of English representatives led by Norman Baker M.P. met in Dieppe. The follwing day, Christian Cuvilliez questioned the Minister of Transport at the National Assembly. On 4th November an important French delegation went to London to attend the House of Commons when Norman Baker M.P. was to question the Secretary of State for Transport, Glenda Jackson.*

*On 31st January 1998 the final sailing took place with great sadness shown on both sides of the Channel. Smiles were not to return to the two ports until 22nd April 1999 with the introduction of* Superseacat two *by the English Company Hoverspeed. 22nd April also saw the inauguration in the presence of the people in charge and the British and French guests. On this day, the* Superseacat two *kept people waiting because of a strong wind blowing on the south coast of England. The weather was unfavourable and the vessel arrived late. The President of the Chamber of Commerce, Eveline Duhamel, was enchanted by the re-establishment of the service thanks to the Hoverspeed Company, subsidiary of the Sea-Containers group, which owns the port of Newhaven.*

Dès octobre 1998, la Ligne se trouve déjà dans une impasse des plus sérieuses malgré les interventions et les démarches des élus de chaque côté de la Manche. On ne pouvait concevoir la disparition de cette Ligne. Et pourtant, elle est alors souvent évoquée. Mais les élus de notre région et du Sussex, conscients, réagissent. Les maires de Dieppe et de Newhaven firent campagne commune. De leurs côtés, les personnels, les usagers, les commerçants se mobilisèrent également contre cette suppression. Le député de Dieppe, Christian Cuvilliez, organise le 30 octobre 1998, une réunion publique à l'hôtel de ville de Dieppe. Le 2 novembre, c'est une délégation d'élus anglais conduite par Norman Baker deputé de Lewes et de Newhaven qui rencontre à Dieppe les représentants de la Chambre de Commerce et d'Industrie dont dépend le choix de l'opérateur transmanche, les élus locaux et les représentants syndicaux. Le lendemain, Christian Cuvilliez interpellait à l'Assemblée Nationale, le Ministre des Transports. Le 4 novembre, une importante délégation française se rendait à Londres par le ferry de nuit pour assister à la Chambre des Communes, au moment où Norman Baker allait interroger le secrétariat d'Etat aux Transports, Glenda Jackson.

D'autres rassemblements eurent lieu à Dieppe. Le 16 novembre, des représentants anglais et français du Comité des Régions lançaient un appel à la Commission européenne tandis qu'à l'hôtel de ville était ouverte une pétition pour la défense de la Ligne. Des deux côtés de la Manche, la mobilisation reste forte dans l'attente de décisions importantes.

Madame France Hix, porte-parole de la Chambre de Commerce de Brighton-Hove déclare que « le plus beau cadeau de Noël que je puisse recevoir serait d'apprendre que la Ligne est sauvée. Le lien entre Brighton et Dieppe, ce n'est pas seulement un bateau, c'est l'amitié chaleureuse entre les deux villes ».

Le lundi 7 décembre 1998 une réunion publique exceptionnelle se tint en la salle Paul-Eluard, avec les partenaires politiques, économiques, des interlocuteurs sociaux de la région, les élus, les représentants des équipages et des personnels à terre, la population. Un " Livre Blanc " fut même ouvert et signé pour le maintien coûte que coûte de la Ligne transmanche, qui emploie 443 personnes et transporte tout de même 600.000 passagers dont une bonne partie s'approvisionne chez les commerçants dieppois et les grandes surfaces.

En ce dimanche ensoleillé du 31 janvier 1998, les Dieppois sont rassemblés pour voir "leur" ferry, pour la dernière fois. Du haut de la falaise du Pollet, sur la jetée Ouest, sur le balcon du Terminal, ils sont là ! L'émotion se lit de partout, sur les visages, aussi bien à terre que sur les ponts du *Stena Cambria*. Les mains s'agitent, des cris de part et d'autre se font entendre. A son arrivée à Newhaven, au Terminal, le *Stena Cambria* fut accueilli dans la tristesse, certains ne peuvent même retenir leurs larmes. Dans la nuit, le car-ferry revint au port de Dieppe chercher du matériel et discrètement franchissait les jetées pour la dernière fois, le lundi 1er février 1998, vers 5 heures du matin.

Il fallut attendre le jeudi 22 avril 1999 pour connaître une nouvelle liaison avec la mise en service d'un ferry monocoque rapide, le *Superseacat two,* sous les couleurs de la Compagnie anglaise Hoverspeed. Le 22 avril est le jour d'inauguration en présence des responsables et des invités britanniques et français. Le *Superseacat two,* ce jour-là, se fit attendre en raison d'un vent fort soufflant sur les côtes Sud de l'Angleterre. La météo lui est certes défavorable. Il ne sera en vue de nos côtes que vers 13 heures 30 au lieu de midi, pour accoster à 14 heures 20. Ce point blanc à l'horizon qui allait grossir jusqu'à l'arrivée au large des jetées dieppoises, c'était bien lui, avec à son bord les 138 invités britanniques d'Hoverspeed, qui débarquèrent avec le sourire, la traversée n'ayant pas été trop dure. La présidente de la Chambre de Commerce de Dieppe, Eveline Duhamel, se montre enchantée que cette route maritime Dieppe-Newhaven soit rétablie grâce à la Compagnie Hoverspeed, filiale du groupe Sea-Containers, lui-même propriétaire du port de Newhaven.

*212 - From Thursday 22nd April the Service was established by* Superseacat two. *Her length is 100 metres, she was built in La Spezia, Italy and can carry 700 passengers on two decks with seats for all. Vehicle capacity is 175 cars, caravans can be included. With a speed of more than 37 knots she can make the crossing in two hours.*

212 - C'est donc à partir du jeudi 22 avril, que l'on voyait réapparaître à l'horizon, sous les couleurs cette fois, d'Hoverspeed, le navire rapide *Superseacat two*. Ce jour-là, au Terminal dieppois, flottent hautes et fières vers l'Angleterre, sous l'effet du vent, les flammes de la nouvelle Compagnie.
Ce navire d'une longueur de 100 mètres, a été construit en Italie, à la Spezia. Il peut transporter 700 passagers sur les deux ponts, avec un place assise garantie pour tous. En plus, sa capacité lui permet aussi d'embarquer 175 voitures ou caravanes. Il traverse la Manche, à plus de 37 nœuds, soit en deux heures.

*213* - Superseacat two, *large, fast and with attractive lines.*

213 - Un beau navire, aux lignes et aux formes agréables, le *Superseacat two,* le plus grand et le plus rapide entre la France et l'Angleterre, et surtout en service entre Newhaven et Dieppe.

*214 - At the Dieppe terminal, the Norman VIPs are getting ready to greet their British counterparts. In the centre, Charles Revet, President of the Regional Council of Seine Maritime is speaking to Annick Bocandé and Daniel Lefevre, and on the right, Eveline Duhamel, President of the Chamber of Commerce of Dieppe is chatting with Francis Cavel, sub-prefect of Dieppe. Everyone is smiling again.*

214 - Au Terminal dieppois, les personnalités normandes s'apprêtent à saluer leurs homologues britanniques. Au centre, Charles Revet, Président du Conseil Général de Seine-Maritime s'entretient avec Annick Bocandé et Daniel Lefèvre, à droite, Eveline Duhamel, Présidente de la Chambre de Commerce de Dieppe, bavarde avec Francis Cavel, Sous-Préfet de Dieppe. Le sourire est revenu.

215 - *A beautiful souvenir, given to the President of the Chamber of Commerce and Industry of Dieppe for her office. At the inauguration she declared : "This event means a lot to us and shows how our consular institution stays determined and is working furiously away on the success of its port for the advantage of its hinterland".*

215 - Un beau souvenir offert à la Présidente de la Chambre de Commerce de Dieppe, qui déclara : « Cet événement a pour nous une signification forte et montre combien notre Institution consulaire reste déterminée et acharnée au succès de son port, pour le bénéfice de son arrière pays ».

216 - *Senior captain, Italian Gabriel Padovan, master of the largest monohull in service in the English Channel stated, "It's a really seaworthy ship that can face waves three metres high." He was familiar with the service as he had commanded the earlier monohull the* Pegasus *during its short stay.*

216 - Le senior capitaine italien, Gabriel Padovan, sur le plus grand monocoque en service sur la Manche. « C'est un navire très marin qui peut affronter sans difficulté des creux de trois mètres », affirme ce commandant qui connaissait déjà le port de Dieppe pour y avoir mené le *Pégasus*, autre bateau rapide.

217 - *The English captain who shared the first crossing, 22 April 1999.*

217 - Toujours à son poste, et souriant, lui aussi, 22 avril 1999.

*218 - An imposing angle - moored at the Dieppe ramp.*

218 - Accosté à la passerelle, quelle imposante silhouette…

*219 - The* Superseacat two *leaves her berth to head out between the piers on her way to Newhaven.*

219 - Le *Superseacat two*, s'écarte du quai d'accostage,
il va franchir les jetées et mettre le cap sur Newhaven. Deux heures à peine de trajet.

Photo Claude Féron

*220 - Here it is in Newhaven.*

220 - Le voici à Newhaven.

Photo Claude Féron

*221 - Still in the port of Newhaven.*

221 - Toujours dans le port de Newhaven.

*Photo Claude Féron*

*222 - The fast ferry Linkspan at Newhaven.*

222 - Une des deux passerelles anglaises...

*The alternative Linkspan at the original ferry berth is that now used by the* Sardinia Vera *which enables a freight service to be maintained together with off-season car and foot passenger use.*

Mais la Ligne ne peut continuer qu'avec un seul bateau et un service saisonnier. D'autre part, les horaires ne conviennent guère aux passagers français. Le ferry rapide ne peut transporter les semi-remorques, les camions, les autocars. Les entrepreneurs de transports routiers de la région dieppoise sont en colère. Il fallait donc faire plus, et c'est le Conseil Général avec son Président Charles Revet (mais aussi pour notre région Daniel Lefèvre et Edouard Leveau), qui frappa fort ! Décider de l'acquisition du port de Newhaven, des travaux d'urgence à entreprendre pour la mise en service en premier lieu, d'un car-ferry classique, voire d'un second par la suite. Il fallait rétablir la Ligne comme elle était autrefois. Un tour de force en quelque sorte pour en finir avec cette période noire des plus inquiétantes.

Cette reprise inespérée, tant attendue, qui peut le croire des deux côtés de la Manche ?

C'était pourtant vrai, cette acquisition du port de Newhaven à "Sea Containers", maison mère d'Hoverspeed. Le pavillon normand flotte sur Newhaven. Et aussitôt, avec la Chambre de Commerce et d'Industrie de Dieppe (Eveline Duhamel, la ville de Dieppe - Christian Cuvilliez), le Conseil Général créait un "Syndicat Mixte Transmanche" pour l'exploitation. Un car-ferry classique fut commandé, et le voici d'ailleurs, déjà arrivé devant les jetées dieppoises. Les Dieppois rêvent et pourtant c'est bien la vérité. Il est bien là, devant eux en ce mardi 27 février 2001.

A Newhaven, la population encore sceptique devait se rendre à l'évidence quand le ferry classique alla faire des essais techniques d'accostage dans le port.

A cette époque de l'année, aucun navire n'assure le service ; la reprise par Hoverspeed étant seulement à partir du 31 mars 2001, saison d'hiver oblige !

Une véritable page nouvelle s'ouvrait alors pour s'ajouter aux nombreuses autres plus anciennes.

*224 - At the Dieppe terminal Hoverspeed and Transmanche Ferries share the same notice board.*

224 - Au Terminal dieppois Transmanche Ferries figure désormais à côté de Hoverspeed.

*Photo Claude Féron*

160

225 - Sardinia Vera *arrived at Dieppe 27th February 2001 chartered from Corsica Ferrries to maintain a freight and passenger link between the two ports. She has a length of almost 121 metres and is a sight that few expected to see so quickly.*

225 - Le mardi 27 février 2001, vers 15 heures, le car-ferry de la *Corsica Ferries,* affrêté par le Syndicat Mixte, venant de Gênes, se présente devant les jetées et va les franchir et accoster pour la première fois au Terminal dieppois. C'est le *Sardinia Vera*, de près de 121 mètres de longueur, de "Transmanche Ferries", nom du nouveau Syndicat Mixte. Une image que les Dieppois et les gens de Newhaven ne pensaient pas revoir de si tôt.

226 - Sardinia Vera *at Dieppe after its voyage from Genoa, under the Italian flag. She was built in Bremerhaven, Germany in 1975. 120.79 metres long, 21.60 metres beam and draught of 5.53 metres. She can carry 43 Juggernauts, 7 semitrailers and 1,970 passengers. She has 24 cabins for four people, 1 cabins for three, a double and one for disabled.*

226 - Le *Sardinia Vera* au Terminal. Venu de Gênes, en avance sur son horaire, car il avait eu beau temps en route pour Dieppe. Battant pavillon italien, il a été construit en 1975, en Allemagne, aux chantiers navals de Rickmerft, à Bremehaven. Longueur : 120 mètres 79, largeur : 21 mètres 60, tirant d'eau : 5 mètres 53. Sa capacité d'emport est de 43 ensembles et 7 semi-remorques. Son linéaire de garage est de 872 mètres et son accès à l'intérieur s'effectue par portes avant et arrière. Il peut embarquer 1.970 passagers qui disposent d'une cafetaria de 258 places, d'un bar avant de 125 places et d'un bar sur le pont supérieur de 90 places. Il dispose d'autre part, de 24 cabines à 4, une cabine pour handicapés, une cabine à 3 et une cabine à 2.

227 - Sardinia Vera *enters the Bassin de Paris, Dieppe pending agreements with Hoverspeed.*

227 - Le *Sardinia Vera* entre dans l'arrière-port dieppois, et se dirige vers le bassin de Paris, en attendant les accords avec Hoverspeed et les petites transformations à effectuer à bord.

228 - *In the Bassin de Paris, still waiting.*

228 - Dans le bassin de Paris, toujours dans l'attente.

*Photo Claude Féron*

*229 - Sardinia Vera in the Pollet Channel. The Colbert Bridge has been opened*
*as she makes her way to the ferry terminal.*

229 - Dans le chenal du Pollet, le pont Colbert ouvert, le *Sardinia Vera* franchit la passe
pour rejoindre le Terminal Transmanche. Quelle imposante silhouette tout de même !

*Photo Claude Féron*

*230 - The Seacat* Diamant *operated from 31st March 2001. Here entering Newhaven, length 81 metres,*
*it can carry 675 passengers and 145 cars. The* Sardinia Vera *joined the service a few days later.*

230 - Le Seacat *Diamant* assura son service dès le 31 mars 2001. Le voici, dans le chenal du port
de Newhaven. Sa longueur est de 81 mètres, il peut accueillir 675 passagers et 145 véhicules de tourisme.
Le *Sardina Vera* n'entra sur la Ligne que quelques jours plus tard.

*231 - A stern view of the* Diamant. *To reach her Linkspan she will have to pass the original ramp, visible in the background of this photo.*

231 - A Newhaven, le *Diamant* se dirige vers la passerelle d'accostage…

*232 - At Newhaven, Hoverspeed cabin staff wait at the Linkspan as the* Diamant *ties up, to relieve those whose duties are completed.*

232 - …où les attendent les hôtesses et le personnel de service.

*233 - Sardinia Vera approaching the original Linkspan at Newhaven. Her service speed of 18 knots reduced to a mere crawl as the bow exit commences to open. The distant white cliff is Seaford Head.*

233 - Le *Sardinia Vera*, filant 18 nœuds à l'heure en pleine mer, entre dans le port de Newhaven. On remarque au loin, la falaise blanche d'Eastbourne. Cette vue a été prise de l'habitation de Peter Bailey.

*234 - Sardinia Vera at the old Linkspan, Newhaven, waiting for her cargo of mainly lorries to come aboard.*

234 - Toujours à Newhaven, le *Sardinia Vera*, à quai, attend que son chargement de véhicules articulés, voitures et autres, pour repartir vers Dieppe. Il est 21 heures environ, (heure locale), on remarque d'ailleurs l'éclairage public.

## *NEWHAVEN-DIEPPE OR DIEPPE-NEWHAVEN ?*

*The story of this popular channel service reflects so many highs and lows that one may wonder why it is that it survives today. It was through here that Thomas Cook organised his first Continental tourist excursion - to Switzerland in fact - and why ? because it was the cheapest route and what determined this ? The directness and the shorter time spent on the more expensive land travel. It was also very convenient to a vast, populous area and in some way was an individual, standing out from the better known routes and oddly enough it became well loved in its persistence.*

## DIEPPE-NEWHAVEN ET NEWHAVEN-DIEPPE ?

Deux ports de la Manche qui se fréquentent depuis plus de 150 années et qui ne peuvent se séparer, vivre l'un sans l'autre, à cause de cette liaison maritime qui les unit ainsi depuis 1847.

Une Ligne qui a une longue et passionnante histoire qui intéresse non seulement les gens de Newhaven et de Dieppe. Cette Ligne a vécu, à travers les siècles, des époques de splendeur, mais aussi des périodes noires avec les guerres de 1870-1871, 1914-1918 et de 1939-1945, sans oublier les divers conflits sociaux.

Sait-on aussi que cette Ligne devait être supprimée en 1922-1923, suite à la fusion des Compagnies de Chemins de Fer du Sud de l'Angleterre à partir du 1er janvier 1923 ? On devait alors centraliser en un seul point qui serait Calais-Douvres et qui aurait l'avantage de grouper 850.000 voyageurs, d'où la suppression des Lignes Boulogne-Folkestone et Dieppe-Newhaven. A la Chambre de Commerce de Dieppe, une réunion était organisée brusquement en décembre 1922, par Maurice Thoumyre, alors Président. Il avait une communication très importante relative au projet de suppression du service Dieppe-Newhaven.

D'autre part, à Dieppe, entre les gares maritime et principale, les trains n'appréciaient guère le pont amiral Courbet donnant accès pour les navires, aux bassins Duquesne et Bérigny. Le pont souvent ouvert aux bateaux - priorité à la mer oblige - devait amener sa suppression avec le comblement du bassin Bérigny, quelques années après.

Mais là encore, la Ligne Dieppe-Newhaven résista...

De nos jours, en 2001, on peut dire que le soleil est revenu sur la Ligne, qu'elle a reprit son tonus d'autrefois. Le trafic s'annonce avec optimisme. Le service est suspendu certes l'hiver pour le *Diamant*, mais le *Sardinia Vera* avec peut-être un autre semblable - il en est question semble-t-il -, assurera un service continu, été comme hiver, aussi bien pour les piétons, les automobiles, les caravanes, les autocars, que pour les véhicules articulés ou semi-remorques. On peut penser que la Ligne vient d'être solidement rétablie, qu'elle retrouve, peu à peu, ses activités.

Si cette liaison maritime possède un riche et beau passé remontant à 150 ans et plus, nous ne pouvons que lui souhaiter un bel avenir sur les eaux de la Manche avec pavillons et grands pavois dehors, bien haut dans le vent.

# CHRONOLOGICAL INDEX OF SHIPS

| Dates | Name | Builders | Length Feet | Beam Feet | Tonnage | NHP | Pass/ Cargo | Other information |
|---|---|---|---|---|---|---|---|---|
| 1837-52 | P.S. *Rothesay Castle* | Denny Bros Dumbarton | 133.8 | 17.0 | 180.0 | 92 | P | Wooden paddle steamer, Demerara |
| 1839-52 | P.S. *Ayrshire Lassie* | R Duncan & Co Greenock | 123.8 | 18.1 | 169.0 | - | P | Wooden paddle steamer |
| 1842-63 | P.S. *Duntroon Castle* | Anderson & Gilmore | 140.1 | 21.0 | 258.0 | 150 | P | Maples-owned |
| 1845-51 | P.S. *Culloden* | Denny Bros | 145.0 | 16.5 | 250.0 | 100 | P | Wooden paddle steamer, Melbourne |
| 1847-48 | P.S. *Brighton I* | Thompson of Rotherhythe | 153.6 | 21.2 | 263.4 | - | P/C | Wooden paddle steamer, Italy |
| 1847-48 | P.S. *Newhaven I* | Rotherhythe | 153.6 | 21.2 | 263.4 | - | P/C | Wooden paddle steamer, Scotland |
| 1847-48 | P.S. *Dieppe I* | Rotherhythe | 153.6 | 21.2 | 263.4 | - | P/C | Wooden paddle steamer, Bermuda |
| 1847-?? | *Alard* | Neath | 138.0 | 17.8 | 150.0 | - | - | Maples-owned |
| 1848-?? | *Collier* | John Reid & Co Port Glasgow | 95.0 | 20.0 | 116.0 | 40 | P | Maples-owned |
| Unknown | P.S. *Aquilla* | J. Henderson Renfrew | 180.4 | 21.0 | 260.0 | 110 | P | Clipper bow, 2 funnels & mast, Weymouth |
| Unknown | P.S. *Ladybird* | Denny Bros | 160.0 | - | 352.0 | 150 | P | Maples-owned, clipper bow |
| 1852-63 | P.S. *Paris I* | Port Glasgow | 165,0 | 20.2 | 350.0 | 120 | P | Maples-owned |
| 1852-?? | P.S. *Wave Queen* | Scott Russell London | 210.0 | - | 196.0 | - | P | Maples-chartered, clipper bow |
| 1853-62 | P.S. *Rouen* | Scott Russell | 180.0 | 20.0 | 357.0 | 120 | P | Maples-owned, 2 funnels & masts |
| 1853-67 | P.S. *Dieppe II* | London | 181.5 | 19.8 | 360.0 | 150 | P | Maples-owned |
| 1853-?? | P.S. *London* | Glasgow | 194.0 | 21.0 | 341.0 | 126 | P | Maples-owned, clipper bow |
| Unknown | *James Dixon* | Unknown | - | - | - | 120 | P | Maples-chartered |
| 1854-?? | *Samuel Laing* | Unknown | - | - | - | - | | Maples-chartered |
| 1854-?? | *Marco* | Jersey | - | - | - | 58 | P | Maples-owned, wooden screw |
| 1856-58 | P.S. *Brighton II* | Palmer Jarrow | 193.5 | 20.9 | 285.0 | 128 | P | Maples-owned, to Weymouth |
| 1856-78 | P.S. *Orleans* | Scott Russell | 187.2 | 21.6 | 270.0 | 160 | P 298 | Maples sold to LBSCR 1862 |
| 1856-85 | P.S. *Lyons* | Scott Russell | 189.2 | 21.8 | 269.0 | 160 | P 270 | Maples sold to LBSCR 1882 screw from 1882 |
| Unknown | *Cockerill* | Unknown | - | - | - | | P | Maples-chartered |
| 1857-?? | S.S. *Vigilant* | Hull | - | - | - | 50 | | Maples-chartered, screw steamer |
| 1858-89 | S.S. *Ida* ex *Mortje Flors* | Unknown | - | - | - | - | - | LBSCR or joint ownership |
| 1862-87 | S.S. *Sussex I* | W Richardson Newcastle | 112.0 125.0 | 17.7 from 1877 | 178.0 | - | C | LBSCR |
| 1862-?? | S.S. *Rouen II* | Unknown | - | - | - | - | C | LBSCR or joint ownership |
| 1862-82 | S.S. *Normandy I* which became | W Richardson | 112.6 | 17.9 | 149.0 | - | C | LBSCR or joint ownership |
| 1882-91 | S.S. *Rouen III* | | | | | | | |
| 1863-82 | P.S. *Alexandra* | Caird & Co. Greenock | 204.5 | 23.7 | 332.0 | 200 | P 325 | LBSCR or joint ownership |
| 1864-82 | P.S. *Marseilles* | Chas. Lungley Deptford | 213.9 | 23.4 | 432.0 | 180 | P 423 | 13 knots, paddles 17 feet diameter |
| 1865-90 | P.S. *Bordeaux* | " | 214.0 | 23.7 | 432.0 | 200 | P 419 | Coal cons. 38 cwt-hr, 13 knots |
| 1865-91 | S.S. *Rennes I* | Millwall Co. London | 159.7 | 23.0 | 289.5 | 100 | C | 13 knots |
| 1875-81 | S.S. *Honfleur* | Gourley Bros Dundee | 150.4 | 20.9 | 375.7 | 255 | C | LBSC to Littlehampton to Newhaven (1891) |
| 1875-88 | P.S. *Paris II* | J Elder & Co. Govan | 220.0 | 25.2 | 483.0 | 220 | P | 13 knots |
| 1875-99 | S.S. *Newhaven II* | Forges et Chantiers, Le Havre | 168.4 | 21.1 | 325.8 | 120 | C | 11 knots |
| 1875-1901 | S.S. *Dieppe III* | " | 168.4 | 21.1 | 327.0 | 120 | C | 11 knots |
| 1878-87 | P.S. *Victoria* | J Elder & Co. | 221.3 | 27.7 | 533.7 | 300 | P 500 | 16 knots |
| 1878-93 | P.S. *Brighton III* | " | 221.3 | 27.7 | 531.2 | 300 | P 500 | First with electric lighting, coal cons. 29 cwt/hr, paddles 17 feet dia., 16 knots |
| 1882-1901 | P.S. *Brittany* | " | 231.0 | 27.7 | 578.7 | 350 | P | 17.5 knots |
| 1882-1902 | P.S. *Normandy II* | " | 231.0 | 27.7 | 579.3 | 350 | P | 45.2 cwt/hr coal consumption |
| 1885-1910 | S.S. *Italy* later *Italie* | " | 190.6 | 26.1 | 487.3 | 250 | C | Crossing time 4 hrs 18 mins |
| 1885-1911 | S.S. *Lyons II* Later *Lyon* | " | 190.6 | 26.1 | 487.3 | 250 | C | 15.25 knots, twin screw, late French |

| Years | Ship | Builder | Length | Beam | Tonnage | Power | Notes |
|---|---|---|---|---|---|---|---|
| 1888-1903 | P.S. *Rouen IV* | Fairfield Co. Govan | 250.0 | 29.0 | 761.0 | 450 P 706 | Coal 54 cwt/hr, 19.4 knots |
| 1889-1912 | P.S. *Paris III* | ” | 250.0 | 29.0 | 761.0 | 450 P 706 | Last paddler, crossing time 3 hrs 25 mins |
| 1890-99 | S.S. *Angers* | Forges etc | 210.0 | 26.25 | 522.0 | 115 C | Twin screw |
| 1890-1913 | S.S. *Caen* | ” | 210.0 | 26.25 | 522.0 | 115 C | Crossing time 3 hrs 58 mins |
| 1891-1901 | S.S. *Seine* | ” | 268.9 | 29.5 | 918.0 | 4000 P | First French Newhaven-Dieppe passenger ship |
| 1893-1913 | S.S. *Tamise* | ” | 269.0 | 29.5 | 978.0 | 4500 P | Twin screw, 19 knots |
| 1894-95 | S.S. *Seaford* | Denny | 262.0 | 34.1 | 997.0 | 292 P | First English Newhaven-Dieppe screw, 20 knots |
| 1896-1916 | S.S. *Sussex II* | ” | 275.0 | 34.1 | 1117.0 | 5000 P | Torpedoed 1916 when French-owned, 20 knots |
| 1897-1913 | S.S. *Manche* | Forges etc | 269.0 | 29.5 | 978.0 | 5000 P | 21.5 knots |
| 1899-1922 | S.S. *France* | ” | 269.0 | 29.5 | 1059.0 | 5000 P | Upright funnel & masts, 21.5 knots |
| 1900-17 | S.S. *Cherbourg* | ” | 204.0 | 26.0 | 560.0 | 560 C | Sunk by mine |
| 1900-45 | S.S. *Brest* | ” | 204.0 | 26.0 | 560.0 | 560 C | Upright funnel & masts, 10 knots |
| 1900-34 | S.S. *Arundel* | Denny | 276.0 | 34.0 | 1067.0 | 5000 P 930 | Last reciprocating engine passenger ship |
| 1902-35 | S.S. *Portsmouth* | Forges etc | 204.0 | 26.0 | 540.0 | 560 C | Upright funnel & masts, 10 knots |
| 1903-30 | S.S. *Brighton IV* | Denny | 276.0 | 34.0 | 1129.0 | 6000 P 970 | First turbine Newhaven-Dieppe, 21.5 knots |
| 1905-33 | S.S. *Dieppe IV* | Fairfield | 282.0 | 34.8 | 1215.0 | 6500 P 1034 | Triple screw, as *Brighton IV*, 21.75 knots |
| 1910-17 | S.S. *Maine* | Ateliers et Chantiers St-Nazaire | 209.2 | 27.9 | 771.0 | 1525 C | Torpedoed, 13 knots |
| 1910-18 | S.S. *Anjou* | ” | 209.2 | 27.9 | 771.0 | 1525 C | Sunk by mine, 13 knots |
| 1911-45 | S.S. *Newhaven III* | Forges etc | 301.9 | 34.7 | 1546.0 | 10k P | Triple screw, coal to oil 1933 |
| 1912-45 | S.S. *Rouen IV* | ” | 301.9 | 34.7 | 1546.0 | 10k P | Triple screw |
| 1912-49 | S.S. *Bordeaux* | St Nazaire | 216.6 | 27.1 | 774.0 | 1400 C | 14.7 knots |
| 1913-40 | S.S. *Paris IV* | Denny | 301.9 | 35.6 | 1774.0 | 14k P | To oil 1932, 25 knots, bombed 2 June 1940 |
| 1921-45 | S.S. *Versailles I* | Forges etc | 305.5 | 36.2 | 1940.0 | 15k P | To oil 1931/32, 25 knots |
| 1925-40 | S.S. *Rennes II* | Le Trait S.I. | 216.7 | 27.1 | 774.0 | 1400 C | 14.7 knots |
| 1928-55 | S.S. *Worthing* | Denny | 297.7 | 38.7 | 2294.0 | 1500 P 1300 | Built oil-fuelled, 25 knots |
| 1933-44 | S.S. *Brighton V* | ” | 298.1 | 38.6 | 2391.0 | 16.4k P | Bombed at Dieppe 24 May 1940, 25 knots |
| 1946-65 | NV *Nantes* | Penhoet Soc. | 223.1 | 34.6 | 999.0 | 2000 C/P 6 | Motor vessel gen. cargo or up to 60 cars |
| 1946-65 | S.S. *Arromanches* | Havre 1946 | 397.1 | 42.4 | 2600.0 | 20k P 1450 | Named after D-day landing beach |
| 1947-63 | S.S. *Londres* | Havre 1941 | 308.4 | 42.4 | 2155.0 | 20k P 1450 | After post-war refit to Newhaven-Dieppe service 18 April 1947, 24 knots |
| 1948-65 | M.V. *Rennes III* | Penhoet Soc. | 239.5 | 34.5 | 999.0 | 2000 C/P 6 | Sister to M.V. *Nantes* |
| 1950-?? | M.V. *Brest* | Soc. Gen. de | 227.0 | 34.5 | 1059.0 | 2000 C/P 6 | Sister to M.V. *Rennes III* |
| 1950-66 | S.S. *Brighton VI* | Denny | 209.7 | 40.6 | 2875.0 | 18.5k P 1450 | Last Newhaven passenger-only steamer |
| 1952-65 | S.S. *Lisieux* | Forges etc | 302.8 | 42.6 | 2946.0 | 22k P 1450 | Last Dieppe passenger-only steamer, 25.5 knots |
| 1964-73 | S.S. *Falaise* | Denny 1946 | 299.8 | 48.0 | 3710.0 | 8500 P | Converted car ferry, RoRo service 100 cars |
| 1964-84 | M.V. *Villandry* | St Nazaire Pielstick | 329.9 | 55.7 | 3460.0 | 12380 P 1400 | Conversion in 1977 to fewer passengers more vehicles, or 21 knots |
| 1965-84 | M.V. *Valençay* | ” | 329.9 | 55.7 | 3460.0 | 12380 P 1400 | After conversion 153 cars, 20 lorries |
| 1972-80 | M.V. *Capitaine Le Goff* | Norway 1972 | 92.73m | 15m | - | - P 12 | 15,5 knots, 55 cars, 15 lorries, RoRo freight |

Note : Vessel named after the Captain of the ill-fated S.S. *Rennes* which disappeared in 1940

| Years | Ship | Builder | Length | Beam | Tonnage | Power | Notes |
|---|---|---|---|---|---|---|---|
| 1973-87 | M.V. *Senlac* | Construction et Armes Navales, Brest | 370.75 | 65.0 | 5590.0 | 15k P 1400 | Last English crew on service, 210 cars or 23 lorries plus 3 cars 20.5 knots |
| 1982-90 | M.V. *Chartres* | Built 1974 | 115.5m | - | 4586.0 | - P 1400 | 20.5 knots, 226 cars, 30 lorries |
| 1986- | M.V. *Transcontainer* 1968 | | 104.0m | - | 2760.0 | - P 12 | 15 knots, 40 lorries, RoRo |
| 1986- | M.V. *Marine Evangeline* 1986 | | | | | | |
| 1984-86 | M.V. *Cornouailles* Bergen 1977 | | 110.0m | - | 3382.0 | - P 500 | 17 knots, 205 cars, or 37 lorries |
| 1986-87 | M.V. *Chantilly* Nantes 1966 | | 110.0m | - | 3425.0 | - P 1350 | 19.5 knots, 147 cars, or 20 lorries |
| 1987- | M.V. *Versailles II* 1974 | | 125.0m | - | 6737.0 | - P 1800 | 20 knots, 330 cars, or 31 lorries |
| 1990- | M.V. *Champs Elysees* 1984 | | 130.0m | - | 9069.0 | - P 1800 | 20 knots, 330 cars, or 34 lorries |
| 1990- | M.V. *C R Casablanca* | | | | | 77 x 12m trailers | |

| | | | | | | | | | |
|---|---|---|---|---|---|---|---|---|---|
| 1990- | *Stena Parisien* | 1990 | 130m | 23m | 9070 | 21.600 | 1800 | | 21 knots |
| 1991- | M.V. *Exxtor I* later *Rotrail I* | Built 1970 as German *Travetal* | 95m | - | 1599.0 | - | | P 12 | 15 knots, 40 trailers, registered at Peel |
| 1992- | *Stena Londoner* | 1987 | 126m | 23.3m | 6527 | 18.000 | 1700 | | 22 knots |
| 1997- | *Stena Antrim* | | | | | | | | |
| 1997 | *Lynx III* | | | | | | | | 40 knots |
| 1998 | *Stena Cambria* | | | | | | | | |
| 1998 | *Elite* | | | | | | | | |
| | *Stena Pegasus* | | | | | | | | |
| 1999- | *Superseacat two* | 1997 (Italie) | 100m | | | | | | 37 knots |
| 2001- | *Sardinia Vera* | 1975 (Allemagne) | 121m | 22m | 12107 | | | | |
| 2001- | *Seacat Diamant* | | 81m | 36,3m | | | | | 42 knots |

## INDEX CHRONOLOGIQUE DES NAVIRES

| Dates | Nom | Constructeur | Long. en pieds | Larg. en pieds | Ton- nage | CV nomi. | Pass/ cargo | Autres renseignements. |
|---|---|---|---|---|---|---|---|---|
| 1837-52 | P.S. *Rothesay Castle* | Denny Bros Dumbarton | 133.8 | 17.0 | 180.0 | 92 | P | Vapeur en bois à aubes, Demerara. |
| 1839-52 | P.S. *Ayshire Lassie* | R. Duncan & Co. Greenock | 123.8 | 18.1 | 169.0 | - | P | Vapeur en bois à aubes. |
| 1842-63 | P.S. *Duntroon Castle* | Anderson & Gilmore | 140.1 | 21.0 | 258.0 | 150 | P | Maples propriétaire. |
| 1845-51 | P.S. *Culloden* | Denny Bros | 145.0 | 16.5 | 250.0 | 100 | P | Vapeur en bois à aubes, Melbourne. |
| 1847-48 | P.S. *Brighton I* | Thompson of Rotherhithe | 153.6 | 21.2 | 263.4 | - | P/C | Vapeur en bois à aubes, Italie. |
| 1847-48 | P.S. *Newhaven I* | Thompson of Rotherhithe | 153.6 | 21.2 | 263.4 | - | P/C | Vapeur en bois à aubes, Ecosse. |
| 1847-48 | P.S. *Dieppe I* | Thompson of Rotherhithe | 153.6 | 21.2 | 263.4 | - | P/C | Vapeur en bois à aubes, Bermudes. |
| 1847-?? | *Alard* | Neath | 138.0 | 17.8 | 150.0 | - | - | Maples propriétaire. |
| 1848-?? | *Collier* | John Reid & Co port Glasgow | 95.0 | 20.0 | 116.0 | 40 | P | Maples propriétaire. |
| inconnu | P.S. *Aquilla* | J. Henderson Renfrew | 180.4 | 21.0 | 260.0 | 110 | P | Etrave d'un clipper, 2 cheminées et mâts, Weymouth. |
| inconnu | P.S. *Ladybird* | Denny Bros | 160.0 | - | 352.0 | 150 | P | Maples propnétaire, étrave d'un clipper. |
| 1852-63 | P.S. *Paris I* | Port Glasgow | 165.0 | 20.2 | 350.0 | 120 | P | Maples propriétaire. |
| 1852-?? | P.S. *Wave Queen* | Scott Russell London | 210.0 | - | 196.0 | - | P | Affrété par Maples, étrave d'un clipper. |
| 1853-62 | P.S. *Rouen* | Scott Russell | 180.0 | 20.0 | 357.0 | 120 | P | Maples propriétaire, 2 cheminées et mâts. |
| 1853-67 | P.S. *Dieppe II* | London | 181.5 | 19.8 | 360.0 | 150 | P | Maples propriétaire. |
| 1853-?? | P.S. *London* | Glasgow | 194.0 | 21.0 | 341.0 | 126 | P | Maples propriétaire, Clipper. |
| inconnu | *James Dixon* | Inconnu | - | - | - | 120 | P | Affrété par Maples. |
| 1854-?? | *Samuel Laing* | Inconnu | - | - | - | - | - | Affrété par Maples. |
| 1854-?? | *Marco* | Jersey | - | - | - | 58 | P | Maples propriétaire, Vapeur en bois à hélice. |
| 1856-58 | P.S. *Brighton II* | Palmer Jarrow | 193.5 | 20.9 | 285.0 | 128 | P | Maples propriétaire, transféré à Weymouth. |
| 1856-78 | P.S. *Orléans* | Scott Russell | 187.2 | 21.6 | 270.0 | 160 | P | Vendu par Maples à LBSCR 1862. |
| 1856-85 | P.S. *Lyons* | Scott Russell | 189.2 | 21.8 | 269.0 | 160 | P | Vendu par Maples à LBSCR 1882, à hélice des 1882. |
| inconnu | *Cockerill* | Inconnu | - | - | - | - | - | Affrété par Maples. |
| 1857-?? | S.S. *Vigilant* | Hull | - | - | - | 50 | - | Affrété par Maples, Vapeur à hélice. |
| 1858-89 | S.S. *Ida* ex *Mortje Flor.* | Inconnu | - | - | - | - | - | LBSCR ou copropriété. |
| 1862-87 | S.S. *Sussex I* | W. Richardson Newcastle | 112.0 125.0 dès 1877 | 17.7 | 178.0 | - | C | LBSCR. |
| 1862-?? | S.S. *Rouen II* | Inconnu | - | - | - | - | C | LBSCR ou copropriété. |
| 1862-82 | S.S. *Normandy I* qui devient | W Richardson | 112.6 | 17.9 | 149.0 | - | C | LBSCR ou copropriété. |
| 1882-91 | S.S. *Rouen II* | . | | | | | | LBSCR ou copropriété. |

| | | | | | | | | | |
|---|---|---|---|---|---|---|---|---|---|
| 1863-82 | P.S. *Alexandra* | Caird & Co. Greenock | 204.5 | 23.7 | 332.0 | 200 | P 325 | LBSCR ou copropriété. |
| 1864-82 | P.S. *Marseilles* | Chas. Lungley Deptford | 213.9 | 23.4 | 432.0 | 180 | P423 | 13 nœuds, diamètre des roues 17 pieds. |
| 1865-90 | P.S. *Bordeaux* | " | 214.0 | 23.7 | 432.0 | 200 | P419 | Cons. de charbon 1.930 kg/heure, 13 nœuds. |
| 1865-91 | S.S. *Rennes I* | Millwall Co. London | 159.7 | 23.0 | 289.5 | 100 | C | 13 nœuds. |
| 1875-81 | S.S. *Honfleur* | Gourlev Bros Dundee | 150.4 | 20.9 | 375.7 | 225 | C | LBSCR, transféré à Littlehampton puis à Newhaven (1891). |
| 1875-88 | P.S. *Paris II* | J. Elder & Co | 220.0 | 25.2 | 483.0 | 220 | P | 13 nœuds. |
| 1875-99 | S.S. *Newhaven II* | Forges et Chantiers, Le Havre | 168.4 | 21.1 | 325.8 | 120 | C | 11 nœuds. |
| 1875-1901 | S.S. *Dieppe III* | Forges et Chanders, Le Havre | 168.4 | 21.1 | 327.0 | 120 | C | 11 nœuds. |
| 1878-87 | P.S. *Victoria* | J. Elder & Co. | 221.3 | 27.7 | 533.7 | 300 | P 500 | 16 nœuds. |
| 1878-93 | P.S. *Brighton III* | J. Elder & Co. | 221.3 | 27.7 | 531.2 | 300 | P 500 | Premier à éclairage électrique, cons. de charbon 1.473 kg/heure, diamètre des roues 17 pieds, 16 nœuds. |
| 1882-1901 | P.S. *Brittany* | J. Elder & Co. | 231.0 | 27.7 | 578.7 | 350 | P | 17,5 nœuds. |
| 1882-1902 | P.S. *Normandy II* | J. Elder & Co. | 231.0 | 27.7 | 579.3 | 350 | P | Cons. de charbon 2.296 kg/heure. |
| 1885-1910 | S.S. *Italy,* plus tard *Italie* | J. Elder & Co. | 190.6 | 26.1 | 487.3 | 250 | C | Temps de traversée 4 h 18 min. |
| 1885-1911 | S.S. *Lyons II,* plus tard *Lyon* | J.Elder & Co. | 190.6 | 26.1 | 487.3 | 250 | C | 15,25 nœuds, deux hélices, vendu aux Français. |
| 1888-1903 | P.S. *Rouen IV* | Fairfield Co. Govan | 250.0 | 29.0 | 761.0 | 450 | P706 | Cons. de charbon 2.743 kg/heure 19,4 nœuds. |
| 1895-1912 | P.S. *Paris III* | J. Elder & Co. | 250.0 | 29.0 | 761.0 | 450 | P706 | Dernier à aubes, temps de traversée 3 h 25 min. |
| 1890-99 | S.S. *Angers* | Forges etc | 210.0 | 26.25 | 522.0 | 115 | C | Deux hélices. |
| 1890-1913 | S.S. *Caen* | Forges etc | 210.0 | 26.25 | 522.0 | 115 | C | Temps de traversée 3 h 58 min. |
| 1891-1901 | S.S. *Seine* | Forges etc | 268.9 | 29.5 | 918.0 | 4000 | P | Premier navire français pour voyageurs sur la ligne Newhaven-Dieppe. |
| 1893-1913 | S.S. *Tamise* | Forgesetc | 269.0 | 29.5 | 978.0 | 4500 | P | Deux hélices, 19 nœuds. |
| 1894-95 | S.S. *Seaford* | Denny Bros | 262.0 | 34.1 | 997.0 | 292 | P | Premier navire anglais à hélice pour voyageurs sur la ligne ; 20 nœuds. |
| 1896-1916 | S.S. *Sussex II* | Denny Bros | 275.0 | 34.1 | 1117.0 | 5000 | P | Torpillé pendant son service pour les Français en 1916 ; 20 nœuds. |
| 1897-1913 | S.S. *Manche* | Forges etc | 269.0 | 29.5 | 978.0 | 5000 | P | 21,75 nœuds. |
| 1899-1922 | S.S. *France* | Forges etc | 269.0 | 29.5 | 1059.0 | 5000 | P | Cheminée et mâts droits, 21,5 nœuds. |
| 1900-17 | S.S. *Cherbourg* | Forges etc | 204.0 | 26.0 | 560.0 | 560 | C | Coulé par une mine. |
| 1900-45 | S.S. *Brest* | Forges etc | 204.0 | 26.0 | 560.0 | 560 | C | Cheminée et mâts droits : 10 nœuds. |
| 1900-34 | S.S. *Arundel* | Denny | 276.0 | 34.0 | 1067.0 | 5000 | P 930 | Dernier navire pour voyageurs équipe de machines à mouvement alternatif. |
| 1902-35 | S.S. *Portsmouth* | Forges etc | 204.0 | 26.0 | 540.0 | 560 | C | Cheminée et mâts droits : 10 nœuds. |
| 1903-30 | S.S. *Brighton IV* | Denny | 276.0 | 34.0 | 1129.0 | 6000 | P 970 | Premier équipé de machines à turbine sur la ligne ; 21,5 nœuds. |
| 1905-33 | S.S. *Dieppe IV* | Fairfield | 282.0 | 34.8 | 1215.0 | 6500 | P1034 | Trois hélices comme le *Brighton IV*, 21,75 nœuds. |
| 1910-17 | S.S. *Maine* | Ateliers et Chantiers St-Nazaire | 209.2 | 27.9 | 771.0 | 1525 | C | Torpillé ; 13 nœuds. |
| 1910-18 | S.S. *Anjou* | St Nazaire | 209.2 | 27.9 | 771.0 | 1525 | C | Coulé par une mine, 13 nœuds. |
| 1911-45 | S.S. *Newhaven III* | Forges etc | 301.9 | 34.7 | 1546.0 | 10k | P | Trois hélices ; converti du charbon au mazout 1933. |
| 1912-45 | S.S. *Rouen IV* | Forges etc | 301.9 | 34.7 | 1546.0 | 10k | P | Trois hélices. |
| 1912-49 | S.S. *Bordeaux* | St-Nazaire | 216.6 | 27.1 | 774.0 | 1400 | C | 14,7 nœuds. |
| 1913-40 | S.S. *Paris IV* | Denny | 301.9 | 35.6 | 1774.0 | 14k | P | A mazout dés 1932 ; 25 nœuds, bombardé le 2 juin 1940. |
| 1921-45 | S.S. *Versailles I* | Forges etc | 350.5 | 36.2 | 1940.0 | 15k | P | A mazout dès 1931-32, 25 nœuds. |
| 1925-40 | S.S. *Rennes II* | Le Trait S.I. | 216.7 | 27.1 | 774.0 | 1400 | C | 14,7 nœuds. |
| 1928-55 | S.S. *Worthing* | Denny Bros | 297.7 | 38.7 | 2294.0 | 1500 | P1300 | Machines à mazout à sa construction, 25 nœuds |
| 1933-44 | S.S. *Brighton V* | Denny Bros | 298.1 | 38.6 | 2391.0 | 16.4k | P | Bombardé à Dieppe le 24 mai 1940, 25 nœuds. |

| 1946-65 | M.V. *Nantes* | Penhoet Soc. | 223.1 | 34.6 | 999.0 | 2000 | C/P 6 | Navire à moteur, cargaison ou jusqu'à 60 voitures. |
|---|---|---|---|---|---|---|---|---|
| 1946-65 | S.S. *Arromanches* | Havre 1946 | 397.1 | 42.4 | 2600.0 | 20k | P 1450 | Baptisé en souvenir de la plage du débarquement. |
| 1947-63 | S.S. *Londres* | Havre 1941 | 308.4 | 42.4 | 2155.0 | 20k | P 1450 | Prend son service après relancement de la ligne Newhaven-Dieppe le 18 avril 1947, 24 nœuds. |
| 1948-65 | M.V. *Rennes III* | Penhoet Soc. | 239.5 | 34.5 | 999.0 | 2000 | C/P 6 | Sister-ship du M.V. *Nantes*. |
| 1950-?? | M.V. *Brest* | Soc. Gen. de | 227.0 | 34.5 | 1059.0 | 2000 | C/P 6 | Sister-ship du M.V. *Rennes III*. |
| 1950-66 | S.S. *Brighton VI* | Denny | 209.7 | 40.6 | 2875.0 | 18.5k | P 1450 | Dernier vapeur de Newhaven uniquement pour passagers à pied. |
| 1952-65 | S.S. *Lisieux* | Forge etc | 302.8 | 42.6 | 2946.0 | 22k | P 1450 | Dernier vapeur de Dieppe uniquement pour passagers à pied, 25,5 nœuds. |
| 1964-73 | S.S. *Falaise* | Denny 1946 | 299.8 | 48.0 | 3710.0 | 8500 | P | A été transformmé en car ferry ; service RoRo. |
| 1964-84 | M.V. *Villandry* | St-Nazaire Pielstick | 329.9 | 55.7 | 3446.0 | 12380 | P 1400 | Transformé en 1977 pour moins de passagers, plus de voitures, 21 nœuds. |
| 1965-84 | M.V. *Valençay* | St-Nazaire Pielstick | 329.9 | 55.7 | 3460.0 | 12380 | P 1400 | Capacité après transformation 153 voitures ou 20 camions. |
| 1972-80 | M.V. *Capitaine Le Goff* | Norvège 1972 | 97.73m | 15m | - | - | P 12 | 15,5 nœuds, 50 voitures, 15 camions, frêt RoRo. |
| | | Nota : baptisé en mémoire du capitame de l'infortuné SS *Rennes*, disparu en 1940. | | | | | | |
| 1973-87 | M.V. *Senlac* | Constructions et Armes Navales Brest | 370.75m | 65m | 5590.0 | 15k | P 1400 | Dernier équipage anglais de la ligne, 210 voitures ou 23 camions et 3 voitures, 20,5 nœuds. |
| 1982-90 | M.V. *Chartres* | Construit en 1974 | 115.5m | - | 4586.0 | - | P 1400 | 20,5 nœuds, 226 voitures ou 30 camions. |
| 1986- | M.V. *Trans-container* | 1968 | 104m | - | 2760.0 | - | P 12 | 15 nœuds, 40 camions, RoRo. |
| 1986- | M.V. *Marine Evangeline* | 1986 | | | | | | |
| 1984-86 | M.V. *Cornouailles* | Bergen 1977 | 110m | - | 3382.0 | - | P 500 | 17 nœuds, 205 voitures ou 37 camions. |
| 1986-87 | M.V. *Chantilly* | Nantes 1966 | 110m | - | 3425.0 | - | P 1350 | 19,5 nœuds, 147 voitures ou 20 camions. |
| 1987- | M.V. *Versailles II* | 1974 | 125m | - | 6737.0 | - | P 1800 | 20 nœuds, 330 voitures ou 31 camions. |
| 1990- | M.V. *Champs-Elysées* | 1984 | 130m | - | 9069.0 | - | P 1800 | 20 nœuds, 330 voitures ou 34 camions. |
| 1990- | M.V. *CR Casablanca* | - | - | | | | | 77 remorques de 12 m ; armateur privé. |
| 1990- | *Stena Parisien* | 1990 | 130m | 23 | 9070 | 21.600 | P 1800 | Ex *Champs-Elysées*, coque acier Vitesse 21 nœuds |
| 1991- | M.V. *Exxtor I*, plus tard *Rotrail I* | Construit en 1970 sous le nom de *Travetal* par les Allemands | 95m | - | 1599.0 | - | P 12 | 15 nœuds, 40 remorques, immatriculé à Peel, armateur privé. |
| 1992- | *Stena Londoner* | 1987 | 126m | 23,3 | 6527 | 18.000 | P 1700 | Ex *Stena Nautica - Versailles II* coque acier, vitesse 22 nœuds, tirant d'eau 5,5 |
| 1997- | *Stena Antrim* | | | | | | PetV | Peu de temps sur la Ligne. |
| 1997- | *Lynx III* | | | | | | P 640 V 150 | Vitesse 40 nœuds, 3ème génération de ferries |
| 1998- janvier 1999 | *Stena Cambria* | | | | | | P 1300 | Sur la Ligne, jusqu'au 31 |
| | | | | | | | | 288 voitures ou 38 véhicules articulés |
| 1998- | *Elite* | | | | | | P 600 | et 150 voitures. |
| | *Stena Pegasus* | | | | | | PetV | Assura le service peu de temps. |
| 1999- | *Superseacat two* | 1997 (Italie) | 100m | | | | P 700 V 175 | Vitesse 37 nœuds. Le plus grand à l'époque et le plus rapide entre la France et l'Angleterre. |
| 2001 | *Sardinia* | 1975 | 121m | 22 | 12107 | | P 1970 | et 50 ensembles articulés. Car ferry classique. Vitesse 18 km. |
| | *Vera* | (Allemagne) | | | | | | Arriva à Dieppe, le 27 février 2001. |
| 2001 | *Seacat Diamant* | | 81m | 36,3 | | | P 700 V 145 | Vitesse 42 nœuds maxi. Tirant d'eau : 2,5. |

BIBLIOGRAPHY - BIBLIOGRAPHIE

BOOKS - LIVRES

| G.W. Buckwell (1891) | History of the Newhaven and Dieppe Service. |
| F. Burtt (1937) | Cross-Channel and Coastal Paddle Steamers. |
| P.Bailey (1973) | Newhaven-Dieppe : from Paddle to Turbine. |
| D.F. Gibbs | The Rise of the Port of Newhaven. |
| J.H. Farrant (1973) | The Evolution of Newhaven Harbour and the Lower Ouse Before 1800. |
| J.H. Farrant (1976) | The Harbours of Sussex 1700-1914. |
| George Sims | Historical Notes - Newhaven. |
| B.M.E. O'Mahoney (1980) | Newhaven-Dieppe, 1825-1980. |
| Ambrose Greenway (1981) | A Century of Cross-Channel Steamers. |
| Claude Féron | Le Trans-Manche Dieppe-Newhaven - Dossier Dieppe-Info. Bulletin. Chambre de Commerce de Dieppe, n° 139 juillet 1994. |
| Claude Féron | La longue histoire de la Ligne Dieppe-Brighton, puis Newhaven. N° 1 hors série, de "Connaissance de Dieppe" - Juillet 1994, 66 pages. Edit. Bertout, Luneray, France. |
| Claude Féron | Ces paquetots à voiles, à aubes, à hélices, qui traversèrent la Manche, de Dieppe à Newhaven. "Connaissance de Dieppe" n$^{os}$ 20, 49, 50, 51 et 110. |
| Claude Féron | Le nouveau Terminal dieppois transmanche. "Connaissance de Dieppe" n° 115. |
| Gérard Bignot | Naufrage de l'Angers, les 2 et 3 janvier 1899. "Connaissance de Dieppe", n° 74. |
| | Naufrage du Victoria à l'Ailly, en 1887. "Connaissance de Dieppe" n$^{os}$ 28, 30 et 99. |
| | Si la nouvelle gare maritime n'a pas encore d'histoire, elle a une préhistoire. "Connaissance de Dieppe" n° 117. |
| Jacques Lafosse | "La Chouine" - La Ligne Dieppe-Newhaven. Edit. Bertout, Luneray, 1997. |

PERIODICALS - PÉRIODIQUES

| Capt.Gregory Ward, Ships and Ship Models | An Epic Channel Breakdown (P.S. Paris II1) April 1938. |
| P. Bailey, Newhaven - February 1948 | The Premier Port of Sussex, Sussex life. |

# PHOTOGRAPHIC ACKNOWLEDGEMENTS

*Trevor Cox, picture 181,* Senlac *as* Apollo Express.
*Austin Williamson, picture 99a,* Rouen V *leaving Newhaven.*
*Ken Eborn, picture 152,* Brighton VI *and* Arromanches.
*Ken Eborn, picture 161,* Lisieux *entering Newhaven.*
*Andrew Gilbert, picture 145,* Londres *under tow.*
*Ambrose Greenway, picture 35, P.S.* Normandy.
*Ambrose Greenway, picture 64,* France.
*Ambrose Greenway, picture 83,* Brighton IV *as* Roussalka.
*Ambrose Greenway, picture 105,* Rouen.
*Ambrose Greenway, picture 151,* Arromanches *as* Leto.
*Charles Robinson, picture 152a,* terminal building
*Ambrose Greenway, picture 156,* Brighton VI *as* La Duchesse de Bretagne.
*Ambrose Greenway, picture 164,* Lisieux *as* Apollon.
*Philip James, picture 167,* Falaise *(car ferry).*
*Philip James, picture 172,* Valençay *leaves in storm.*
*Philip James, picture 182,* Chartres *(car ferry).*
*Michael Johnston, Delta, B.C. Canada, sunset photograph entering Newhaven aboard*
                              Champs Elysees *at 8.30 p.m. 6 August 1990.*
*Brian Green, picture 114a,* Paris IV…
*Reeves Collection, Sunday Times, picture 16, P.S.* Bordeaux.
*Charles Robinson, picture 141,* Londres *- maiden arrival.*
*Charles Robinson, picture 142,* Londres *- day of arrival.*
*Ken Goodyear, picture 146,* Londres *in Greek ownership.*
*Paul Bonmartel, picture 182b,* Chartres *in Dieppe.*

*Sincere thanks to all for their co-operation and kindness.*


## CRÉDIT PHOTOGRAPHIQUE

Trevor Cox, illustration 181, le *Senlac,* rebaptisé *Apollo Express.*
Austin Williamson, illustration 99a, le *Rouen V* quittant Newhaven.
Ken Eborn, illustration 152, le *Brighton VI* et l'*Arromanches.*
Ken Eborn, illustration 161, le *Lisieux* entrant à Newhaven.
Andrew Gilbert, illustration 145, le *Londres* en remorque.
Ambrose Greenway, illustration 35, le *Normandy.*
Ambrose Greenway, illustration 64, le *France.*
Ambrose Greenway, illustration 83, le *Brighton IV* rebaptisé *Roussalka.*
Ambrose Greenway, illustration 105, le *Rouen.*
Ambrose Greenway, illustration 151, l'*Arromanches* rebaptisé *Leto.*
Charles Robinson, illustration 152a, terminal en bois.
Ambrose Greenway, illustration 156, le *Brighton VI* rebaptisé *La Duchesse de Bretagne.*
Ambrose Greenway, illustration 164, le *Lisieux* rebaptisé *Appolon.*
Philip James, illustration 167, le *Falaise* (ferry à voitures).
Philip James, illustration 172, le *Valençay* quitte Newhaven par forte tempête.
Philip James, illustration 182, le *Chartres* (ferry à voitures).
Michael Johnston, Delta, B.C. Canada, coucher de soleil, photo prise à bord du *Champs-Elysées.*
                              entrant dans le port de Newhaven à 20 h. 30 le 6 août 1990.
Brian Green, illustration 114a, le *Paris IV* lancé au chantier des frères Denny à Dumberton.
Collection Reeves, Sunday Times, illustration 16, P.S. *Bordeaux.*
Charles Robinson, illustration 141, le *Londres* - première arrivée.
Charles Robinson, illustration 142, le *Londres* - jour d'arrivée.
Ken Goodyear, illustration 146, le *Londres* sous pavillon grec.
Paul Bonmartel, illustration 182b, le *Chartres* à Dieppe.

Merci à tous de toutes vos gentillesses et votre coopération.

IMPRIMERIE NOUVELLE NORMANDIE
76190 YVETOT


Dépôt légal : 4ème trimestre 2001
Printed in France